PERCUSSIONS

INITIALES

PRODUITES SUR LES AFFUTS DANS LE TIR

DES

BOUCHES-A-FEU.

PERCUSSIONS

INITIALES

PRODUITES SUR LES AFFUTS DANS LE TIR

DES

BOUCHES-A-FEU,

PAR

COQUILHAT,

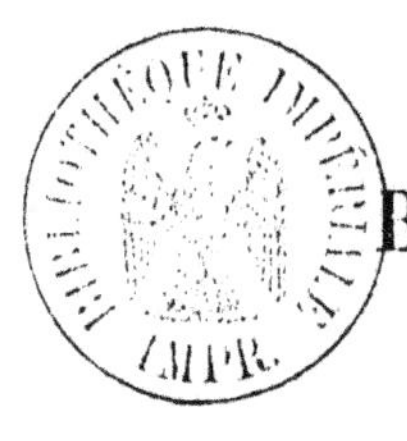

LIEUTENANT-COLONEL D'ARTILLERIE,
COMMANDANT DU MATÉRIEL DE LA PLACE D'ANVERS,
CHEVALIER DE L'ORDRE DE LÉOPOLD, DÉCORÉ DE LA CROIX COMMÉ-
MORATIVE DE BELGIQUE, CHEVALIER DE L'ORDRE DU LION NÉERLANDAIS, ID.
3ᵉ CLASSE AIGLE ROUGE DE PRUSSE, ID. 2ᵉ CLASSE Sᵗ STANISLAS DE
RUSSIE, ID. MÉDJIDIÉ DE TURQUIE, MEMBRE DE LA
SOCIÉTÉ ROYALE DES SCIENCES DE LIÉGE.

LIÉGE,

H. DESSAIN, IMPRIMEUR-LIBRAIRE,
RUE TRAPPÉ, Nᵒ 7.

1863.

Extrait du Tome XVIII des Mémoires de la Société Royale des Sciences de Liége.

PERCUSSIONS INITIALES

PRODUITES SUR LES AFFUTS DANS LE TIR

DES

BOUCHES A FEU.

PREMIÈRE PARTIE.

MORTIERS.

AVANT-PROPOS.

Les bouches à feu considérées sous le rapport de leur mode de fixation sur l'affût, forment deux classes bien distinctes : dans l'une, les mortiers, sont invariablement liés à une plaque ou semelle, ou bien reposent sur l'affût par des tourillons placés en arrière de la bouche à feu vers la culasse : dans l'autre classe, comprenant les canons, les canons-obusiers et à bombes, et les obusiers, les tourillons sont à une certaine distance de la culasse et plus rapprochés du centre de gravité de la pièce.

La vis de pointage et le coussinet de pointage se trouvent dans les mortiers entre les tourillons et la bouche de la pièce tandis qu'aux canons, canons obusiers, etc., la vis de pointage est placée en arrière des tourillons sous la culasse.

De là résultent deux modes d'action de la bouche à feu sur l'affût.

Nous nous en occuperons successivement, en commençant par les mortiers, qui sont les plus faciles à traiter.

L'ouvrage de Poisson, est sans doute le plus savant sur ce sujet, mais nous ne partageons pas entièrement sa manière de voir : et ses formules sont trop compliquées parce qu'il a voulu les rendre générales, en considérant tous les problèmes comme des cas particuliers d'un seul. Nous avons donc composé directement nos formules pour chacun des cas particuliers, ce qui en a facilité la mise en équation.

Nous croyons devoir rappeler dans des préliminaires les principales formules et des propositions qui nous sont nécessaires. Nous y avons ajouté quelques démonstrations qu'on ne rencontre pas dans les ouvrages élémentaires, et notamment celle qui se rapporte au moment de la quantité du mouvement de rotation d'un corps, pris par rapport à une droite quelconque parallèle à l'axe de rotation. Cette dernière démonstration est d'autant plus utile que Poisson exprime le théorème d'une manière peu intelligible.

Les percussions que nous calculons sont celles initiales produites au premier instant du recul : elles résultent de l'action de la charge de poudre considérée comme force instantanée. On obtient ainsi pour les diverses parties de l'affût l'expression des premiers chocs qui sont les plus importants à connaître.

Ces chocs ou percussions instantanés ont une grandeur finie et sont incomparablement supérieurs à l'action de la pesanteur, qui doit être négligée pendant le temps extrèmement court du trajet du projectile dans l'âme.

Lorsque les quantités initiales de mouvement sont communiquées, le système de la pièce et de l'affût, se meut avec les vitesses acquises et subit l'influence de la pesanteur : il en résulte sur les diverses parties de ce système des pressions beaucoup moindres que les chocs primitifs, mais dont nous ne nous occuperons pas.

La pesanteur étant négligeable devant les percussions produites dans le tir, nous supposerons, pour abréger le discours, que le recul a lieu sur un terrain horizontal, avec une inclinaison quelconque de l'axe de la bouche-à-feu , et nous désignerons par forces verticales et horizontales , celles qui sur un terrain incliné , seraient respectivement normales ou parallèles au sol.

Mais si l'on peut faire abstraction de la pesanteur , il n'en est pas de même des frottements des appuis de l'affût sur le sol , parce que ces frottements sont proportionnels aux percussions verticales produites sur ces appuis , et ont une valeur finie.

Tout est symétrique à droite et à gauche du plan vertical du tir , et la quantité de mouvement de recul de la pièce a une résultante dirigée suivant l'axe de l'âme ; les forces que nous avons à considérer sont donc comprises tout entières dans ce plan , ou sont dirigées dans des plans parallèles.

Les forces contenues dans ces plans parallèles agissent sur les tourillons , les roues et les flasques de l'affût ; elles sont deux à deux parallèles , égales , de même sens , et symétriquement placées à droite et à gauche du plan vertical du tir ; et leurs résultantes sont dirigées dans ce plan. Toutes les forces peuvent donc être projetées sur le plan de symétrie du système , et les conditions de l'équilibre sont ramenées à celles des forces qui agissent dans un même plan.

Les corps solides jouissent à des degrés différents de certaines propriétés physiques telles que la rigidité , la dureté , l'élasticité , etc. , mais aucun ne les possède d'une manière absolue , ils sont plus ou moins flexibles , compressibles , élastiques , etc. L'état actuel de la science ne permet pas l'expression analytique de ces propriétés , ni leur introduction dans les problèmes physico-mathématiques , et cependant il faut appliquer la mécanique rationnelle aux objets qui existent réellement , sans quoi cette science ne serait d'aucune utilité. On satisfait aux nécessités de cette analyse en supposant que les corps sont doués d'un nombre limité de propriétés , faciles à introduire dans les équations , et les possèdent d'une manière absolue. Nous supposons donc , que les solides considérés , bouches-à-feu , affûts , roues , sont des corps d'une rigidité et d'une dureté absolues et complètement dénués d'élasticité.

Ces suppositions ne sont pas entièrement d'accord avec la réalité , puisqu'elles font abstraction des propriétés particulières du métal à canon , du fer et du bois qui entrent dans la composition des affûts , mais elles conduisent à des formules qui donnent une idée approchée de quelques unes des lois qui régissent le problème. Les hypothèses faites , il faut y rester fidèle, et en admettre toutes les déductions ; on tomberait dans l'empirisme en agissant autrement , et la théorie n'aurait plus de logique.

Les propriétés attribuées à la matière de la bouche à feu et de l'affût sont applicables au sol que nous supposons inébranlable et incapable de restituer une quantité quelconque de mouvement.

Afin de simplifier les formules et d'éviter les fonctions irrationnelles, nous admettons que le coëfficient du frottement du sol sous la crosse est le même que celui du frottement sous les roues ; qu'on peut négliger le frottement de roulement, celui dû à la pénétration dans le sol , le frottement des tourillons dans leurs encastrements et celui de l'essieu dans les boîtes de roue.

Nous considérons aussi les roues comme des corps de révolution dont la matière est symétriquement répartie autour de l'axe de rotation , sur lequel se trouve le centre de gravité. Les axes des roues sont censés horizontaux et dans le prolongement l'un de l'autre. Le jeu est nul entre les fusées et les boîtes de roue dont les axes se confondent. Tantôt l'affût glisse sur le sol en conservant ses appuis et restant parallèle à lui-même , tantôt il est soulevé vers sa partie antérieure du côté de la bouche de la pièce , tandis que sa partie postérieure, la crosse, reste en contact avec le sol et glisse avec une certaine vitesse que nous déterminerons.

Il y a mouvement de translation dans les deux cas ; mais dans le premier l'affût est comprimé sur ses appuis contre le terrain , tandis que dans le second il est soulevé par sa partie antérieure et tourne sur ses appuis postérieurs comme sur une charnière : delà deux sortes de problèmes pour chacune des deux grandes classes de bouches-à-feu, et pour chaque espèce d'affût.

PRÉLIMINAIRES.

§ 1. ÉQUATIONS DE L'ÉQUILIBRE DES FORCES DIRIGÉES DANS UN MÊME PLAN.

Lorsque des forces qui agissent sur un corps solide sont dirigées dans un même plan et se font équilibre, les conditions de l'équilibre, sont au nombre de trois.

1° Les forces étant remplacées par leurs composantes parallèles à deux axes situés dans ce plan, la somme des composantes parallèles à chacun des axes est nulle, ce qui conduit à deux équations.

2° La somme des moments de ces forces pris relativement à un point quelconque situé dans ce plan, est nulle, d'où il résulte une 3ᵐᵉ équation.

Représentons ces conditions par des formules, soient :

P, P', P'' . . . . les forces considérées

α, α', α'' . . . . les angles que ces forces font avec l'axe des x.

x, y : x', y' : x'', y'' : . . . . les coordonnées des points d'application de ces forces, rapportées à deux axes rectangulaires situés dans leur plan, axes que nous ferons passer par le point relativement auquel on prend les moments.

p, p', p'' . . . . les bras de levier des forces relativement à l'origine des coordonnées.

2

Les équations d'équilibre sont :

$$P \cos \alpha + P' \cos \alpha' + P'' \cos \alpha'' + \ldots \ldots = 0 \qquad (\,I\,)$$

$$P \sin \alpha + P' \sin \alpha' + P'' \sin \alpha'' + \ldots \ldots = 0 \,. \qquad (\,II\,)$$

$$P\,p + P'\,p' + P''\,p'' + \ldots \ldots \ldots \ldots = 0 \qquad (\,III\,)$$

Nous pouvons remplacer l'équation des moments, (III), par une autre en substituant aux forces P, P', P'' .... leurs composantes $P \cos \alpha$ et $P \sin \alpha$: $P' \cos \alpha'$ et $P' \sin \alpha'$: $P'' \cos \alpha''$ et $P'' \sin \alpha'$ ...... : et formant l'équation des moments relativement à ces composantes.

Remarquons à cet effet qu'au point x, y; où agit la force P, la composante $P \cos \alpha$, parallèle à l'axe des x, a un bras de levier égal à y, et un moment égal à $P\,y \cos \alpha$. D'ailleurs le moment $P\,y \cos \alpha$ tend à faire tourner en sens contraire au moment $P\,x \sin \alpha$, qui est celui de l'autre composante $P \sin \alpha$.

Les moments de ces deux composantes étant de sens contraires, doivent avoir des signes différents, et le moment $P\,p$ peut être remplacé par $P\,y \cos \alpha - P\,x \sin \alpha = P\,(\,y \cos \alpha - x \sin \alpha\,)$.

De même on peut remplacer le moment $P'\,p'$ par $P'\,(\,y' \cos \alpha' - x' \sin \alpha'\,)$ et ainsi de suite.

Au lieu de l'équation (III) nous pouvons écrire :

$$P\,(y \cos \alpha - x \sin \alpha) + P'\,(y' \cos \alpha' - x' \sin \alpha') + P''\,(y'' \cos \alpha'' - x'' \sin \alpha'') + \ldots \ldots \ldots = 0 \qquad (IV)$$

Cette équation sera équivalente à la précédente si l'on a

$$p = y \cos \alpha - x \sin \alpha \qquad p' = y' \cos \alpha' - x' \sin \alpha'$$
$$p'' = y'' \cos \alpha'' - x'' \sin \alpha'' \ldots \ldots \text{etc.}$$

C'est ce que nous démontrerons dans le paragraphe suivant.

§ 2. DÉTERMINER LA LONGUEUR DE LA PERPENDICULAIRE MENÉE DE L'ORIGINE DES COORDONNÉES SUR UNE DROITE PASSANT PAR LE POINT x, y ET FAISANT L'ANGLE α AVEC L'AXE DES ABSCISSES.

Soient :

a (Les coordonnées courantes relativement à deux axes rec-
b (tangulaires.

L'équation de la droite donnée sera :

$$b - y = tg\, \alpha\, (a - x) \qquad (1)$$

Faisons passer par l'origine des coordonnées une droite formant l'angle β avec l'axe des abscisses : l'équation de cette droite sera

$$b = a\, tg\, \beta. \qquad (2)$$

Cette droite auxiliaire sera perpendiculaire sur la droite donnée si l'on a

$$1 + tg\, \alpha\, tg\, \beta = 0 \qquad (3)$$

Les coordonnées a et b du point d'intersection de ces droites doivent satisfaire aux équations (1) et (2) en même temps. En les résolvant par rapport à a et b et éliminant $tg\, \beta$ à l'aide de l'équation (3) il vient

$$a = \frac{tg\, \alpha}{1 + tg^2\, \alpha}\, (x\, tg\, \alpha - y)$$

$$b = \frac{y - x\, tg\, \alpha}{1 + tg^2\, \alpha}$$

où à cause de

$$\frac{1}{1 + tg^2\, \alpha} = \cos^2 \alpha$$

on a

$$a = - \sin \alpha\, (y \cos \alpha - x \sin \alpha)$$
$$b = \cos \alpha\, (y \cos \alpha - x \sin \alpha)$$

Appelons p la partie de la droite auxiliaire comprise depuis l'origine jusqu'au point d'intersection a, b : cette partie sera la longueur cherchée de la perpendiculaire menée de l'origine sur la droite donnée , et aura pour expression.

$$p = \sqrt{a^2 + b^2}$$

d'où par la substitution des valeurs de a et b

$$p = y \cos \alpha - x \sin \alpha \qquad (\text{V})$$

ce qu'il fallait démontrer.

On trouverait de même.

$$p' = y' \cos \alpha' - x' \sin \alpha' \qquad p'' = y'' \cos \alpha'' - x'' \sin \alpha''$$

et ainsi de suite.

L'équation IV est donc équivalente à l'équation III.

----

§ 3. Ayant exprimé les conditions de l'équilibre entre des forces situées dans un même plan , a l'aide des équations I , II , et III ou IV du paragraphe (1) , si l'on prend les moments de ces forces relativement a un second point situé dans ce plan , la nouvelle équation des moments combinée avec les trois premières est identiquement nulle , et ne contient aucune nouvelle relation entre les forces.

Soient (Fig. I).

o X } Les axes des coordonnées relatives aux équations I ,
o Y } II , III et IV.

o' le second point par rapport auquel on veut prendre les moments des forces P, P′, P″ etc.

$o\,a = a$ } les coordonnées du point o' relativement aux axes
$o\,b = b$ } o X et o Y.

Faisons passer par le point o' deux axes o' X′ et o' Y′ , parallèles à o X et o Y , et soient :

$$x_1, x_1', x_1'', \ldots \ldots \left\{ \begin{array}{l} \text{les coordonnées des points d'application} \\ \text{des forces } P, P', P'' \ldots \text{ par rap-} \\ \text{port aux nouveaux axes } o'X' \text{ et } o'Y' \end{array} \right.$$

$$p_1, p_1', p_1'', \ldots \ldots \left\{ \begin{array}{l} \text{les bras de levier des forces } P, P', P'', \ldots \\ \text{par rapport au point } o'. \end{array} \right.$$

L'équation des moments des forces relativement au point O' est

$$P\, p_1 + P'\, p_1' + P''\, p_1'' + \ldots = 0.$$

En appliquant la formule V on a

$$P_1 = y_1 \cos \alpha - x_1 \sin \alpha \qquad P_1' = y_1' \cos \alpha' - x_1' \sin \alpha'$$

$$P_1'' = y_1'' \cos \alpha'' - x_1'' \sin \alpha'' \ldots \ldots$$

L'introduction de ces valeurs dans l'équation précédente donne

$$P\,(y_1 \cos \alpha - x_1 \sin \alpha) + P'\,(y_1' \cos \alpha' - x_1' \sin \alpha') + (y_1'' \cos \alpha'' - x_1'' \sin \alpha'') + \ldots = 0.$$

D'un autre côté on a entre les anciennes et les nouvelles coordonnées les relations

$$x_1 = x - a \quad x_1' = x' - a \quad x_1'' = x'' - a \ldots \ldots$$

$$y_1 = y - b \quad y_1' = y' - b \quad y_1'' = y'' - b \ldots \ldots$$

Ces valeurs substituées dans la dernière équation des moments donne

$$\left. \begin{array}{l} P \left\{ (y-b) \cos \alpha - (x-a) \sin \alpha \right\} + \\ + P' \left\{ (y'-b) \cos \alpha' - (x'-a) \sin \alpha' \right\} + \\ + P'' \left\{ (y''-b) \cos \alpha'' - (x''-a) \sin \alpha'' \right\} + \\ + \ldots \ldots \end{array} \right\} = 0$$

Cette équation peut se mettre sous la forme

$$\left. \begin{array}{l} P\,(y \cos \alpha - x \sin \alpha) + P'\,(y' \cos \alpha' - x' \sin \alpha') + P''\,(y'' \cos \alpha'' - x'' \sin \alpha'') + \ldots \\ + a\,(P \sin \alpha + P' \sin \alpha' + P'' \sin \alpha'' + \ldots) - \\ - b\,(P \cos \alpha + P' \cos \alpha' + P'' \cos \alpha'' + \ldots) \end{array} \right\} = 0$$

Mais en vertu des équations I, II et IV, chacune des trois lignes de cette formule est nulle séparément, et par conséquent la formule elle-même ne contient aucune nouvelle relation entre les forces.

§ 4. Principe de d'Alembert.

D'après le principe de d'Alembert il y a équilibre entre les *forces motrices* qui agissent sur tous les points d'un système de points matériels en mouvement, et les *forces* auxquelles sont dues les accroissements infiniment petits de vitesse qui ont lieu à chaque instant.

Ce principe est également applicable aux chocs ou percussions qui ne sont autre chose que des forces motrices agissant avec de très-grandes intensités pendant des instants excessivement courts.

Les forces étant mesurées par les quantités de mouvement qu'elles produisent, si nous étendons le principe de d'Alembert aux percussions, nous voyons qu'il y a équilibre entre les chocs ou percussions auxquels un système de points matériels est soumis et les quantités de mouvements transmises à ces points matériels.

Représentons par des forces les résistances que le sol oppose au mouvement des affûts et appliquons cette proposition au recul des bouches-à-feu.

Il y a équilibre entre la réaction de la charge contre le fond de l'âme et la résistance du sol au mouvement de l'affût d'une part ; et les quantités de mouvement dont la bouche-à-feu et l'affût sont réellement animés d'autre part : et s'il s'agit d'un mortier à plaque, la bouche-à-feu et l'affût seront considérés comme ne constituant qu'un seul corps solide.

En remplaçant par des forces la résistance des encastrements des tourillons et celle de la vis ou du coussinet de pointage, il y a équilibre entre la réaction de la charge contre le fond de l'âme, et la résistance contre les tourillons et le point de contact de la vis de pointage, ou du coussinet de pointage d'une part, et les quantités de mouvement dont la bouche-à-feu est réellement animée d'autre part.

On peut aussi considérer l'affût isolément. Il y a équilibre entre les chocs transmis suivant les axes des tourillons et de la vis de pointage et les résistances au point d'appui de la crosse et sur l'axe de l'essieu d'une part, et les quantités de mouvement dont l'affût est réellement animé d'autre part.

On établira d'une manière analogue l'équilibre qui doit exister entre les chocs exercés sur les roues par l'essieu et les résistances du sol d'une part, et les quantités de mouvement dont les roues sont réellement animées d'autre part.

Cette marche conduira à autant d'équations différentes qu'il y aura d'inconnues dans les problèmes à traiter.

----

§ 5. Centres de gravité.

—

Le centre de gravité d'un corps est le point par lequel passe la résultante de toutes les actions de la pesanteur sur les divers points matériels de ce corps, quelle que soit sa position.

Soient :

m, m', m'', ... les masses d'un certain nombre de corps.

x, x', x'', ... les distances des centres de gravité de ces masses à un plan donné.

M, ... la masse réunie de tous ces corps.

x_1 . . . . la distance du centre de gravité de la masse M au plan donné.

y, y', y'', ... les distances des masses m, m', m'', à un autre plan.

y_1 . . . . la distance du centre de gravité, de la masse M à ce second plan.

On a les relations :

$$M x_1 = m x + m' x' + m'' x'' + \ldots$$
$$M y_1 = m y + m' y' + m'' y'' + \ldots$$

Passons aux molécules élémentaires des corps, les masses m, m', m'', ... représenteront les éléments de leurs masses, et nous aurons pour déterminer les coordonnées x_1 et y_1 du centre de gravité de leur masse totale M :

$$M = \int dm.$$

$$M \, x_1 = \int x \, dm.$$

$$M \, y_1 = \int y \, dm.$$

Lorsque les plans relativement auxquels on prend les coordonnées x_1 et y_1 passent par le centre de gravité du corps M, les distances x_1 et y_1 sont nulles, et l'on a relativement à ces plans :

$$\int x \, dm = 0.$$

$$\int y \, dm = 0.$$

---

§ 6. Des moments d'inertie.

Le moment d'inertie d'un corps par rapport à une droite quelconque est la somme des produits de chacun des éléments de sa masse par le carré de leurs distances respectives à cette droite. En d'autres termes, le moment d'inertie d'un corps est l'expression analytique

$$\int r^2 \, dm :$$

dans laquelle on représente par
dm l'élément différentiel de la masse M du corps considéré :
r la distance de l'élément dm à la droite relativement à laquelle on prend les moments d'inertie.

Concevons un plan perpendiculaire à la droite par rapport à laquelle on prend les moments d'inertie, et dans ce plan traçons deux axes rectangulaires qui se coupent sur cette droite, et sur lesquels nous compterons les coordonnées x et y des diverses molécules élémentaires de la masse M ; nous aurons

$$r^2 = x^2 + y^2$$

$$\int r^2 \, dm = \int (x^2 + y^2) \, dm.$$

Soient :

$\int r^2 \, dm$ le moment d'inertie du corps de masse M relativement
à une droite donnée.

$M\ k^2$ le moment d'inertie du corps relativement à une droite passant par son centre de gravité et parallèle à la droite donnée.

r_1 la distance du centre de gravité du corps M à la droite donnée.

$\left.\begin{array}{c} x_1 \\ y_1 \end{array}\right\}$ les coordonnées du centre de gravité du corps M.

On a les relations :

$$\int r^2\, dm = M\,(k^2 + r_1{}^2) = M\,(k^2 + x_1{}^2 + y_1{}^2)$$

---

§ 7. Du mouvement de rotation que le choc fait prendre a un corps solide retenu par un axe fixe.

Lorsqu'un corps solide tourne autour d'un axe fixe, auquel il est invariablement attaché, tous les points de ce corps décrivent des cercles, dont les plans sont perpendiculaires à l'axe de rotation, et dont les centres sont situés sur cet axe.

Les positions relatives entre les différents points du corps ne variant pas, il en résulte que tous les cercles sont décrits dans le même temps, et que les arcs de cercle décrits au bout d'un temps quelconque mesurent tous le même angle au centre.

Les arcs de cercle parcourus dans le même temps ayant des longueurs proportionnelles à leurs rayons respectifs, chaque point du corps se meut avec une vitesse proportionnelle à sa distance à l'axe.

La vitesse de chaque point est à chaque instant dirigée suivant la tangente au cercle qu'il décrit.

La vitesse angulaire du corps est celle des points situés à l'unité de distance de l'axe de rotation : en d'autres termes, c'est la vitesse des points qui décrivent autour de l'axe des cercles qui ont l'unité pour rayon.

Soient :

ω la vitesse angulaire d'un corps.

r la distance d'un point quelconque de ce corps à l'axe de rotation.

La vitesse absolue du point est exprimée par

$$r \, \omega.$$

Soit en outre :

dm la masse de ce point.

La quantité de mouvement dont le point est animé a pour expression:

$$r \, \omega \, dm$$

Multiplions cette quantité de mouvement par la distance r de l'élément dm à l'axe de rotation, le produit

$$r^2 \omega \, dm$$

est le moment de la quantité de mouvement dont l'élément dm est animé, pris relativement à l'axe de rotation.

En étendant cette expression à la masse entière du corps au moyen d'une intégration, et mettant ω en dehors de l'intégrale, parce que cette vitesse ne varie pas d'un point à un autre, la formule

$$\omega \int r^2 \, dm$$

exprime le moment relativement à l'axe de rotation de la quantité de mouvement d'un corps qui tourne avec une vitesse angulaire ω.

Soient actuellement :

μ l'intensité du choc qui a communiqué la vitesse angulaire ω au corps considéré.

l le bras de levier de ce choc, ou la distance de sa direction à l'axe de rotation.

Le moment du choc par rapport à l'axe de rotation est

$$l \, \mu$$

Les conditions de l'équilibre qui doit exister entre les forces et les quantités de mouvement produites, exigent que le moment de ce choc soit égal à celui de la quantité de mouvement de rotation imprimée. On a donc la relation :

$$l \, \mu = \omega \int r^2 \, dm :$$

d'où
$$\omega = \frac{l\,\mu}{\int r^2\,dm} \qquad\qquad (VI)$$

Mais l'intégrale $\int r^2\,dm$ est le moment d'inertie du corps relativement à l'axe de rotation, et l'on a, en conservant les notations du paragraphe précédent

$$\omega = \frac{l\,\mu}{M(k^2 + r_1^2)} = \frac{l\,\mu}{M(k^2 + x_1^2 + y_1^2)} \qquad (VII)$$

Cette équation peut se mettre sous la forme

$$l\,\mu = \omega\,M(k^2 + r_1^2) = \omega\,M(k^2 + x_1^2 + y_1^2) \qquad (VIII)$$

Cette formule fait voir que le moment du choc qui produit le mouvement de rotation d'un corps, est égal au produit de la vitesse angulaire du corps par son moment d'inertie relativement à l'axe de rotation.

L'élément dm du corps, dont les coordonnées sont x et y, se meut perpendiculairement au rayon r mené de l'axe au point x, y : cet élément fait avec les axes des coordonnées des angles dont les cosinus sont :

$\dfrac{-\,y}{r}$ cosinus de l'angle que fait la vitesse de l'élément dm avec l'axe

des x $\qquad\qquad\qquad\qquad\qquad\qquad (IX)$

$\dfrac{x}{r}$ cosinus de l'angle que fait la vitesse de l'élément dm avec

l'axe des y.

La quantité de mouvement $\omega\,r\,dm$ de l'élément dm a respectivement pour composantes parallèles aux axes des x et des y,

$$\omega\,r\,dm\,.\,\frac{-\,y}{r} = -\,\omega\,y\,dm$$

$$\omega\,r\,dm\,.\,\frac{x}{r} = \omega\,x\,dm$$

Soient :

X la résultante des quantités de mouvement parallèles à l'axe des x, dont les molécules dm sont animées.

Y la résultante des quantités de mouvement parallèles à l'axe des y, dont les molécules dm sont animées.

On a

$$\left.\begin{array}{l} X = - \omega \int y\, dm = - \omega\, M\, y_1 \\ Y = \omega \int x\, dm = \omega\, M\, x_1 \end{array}\right\} \qquad (XI)$$

Les forces X et Y sont généralement situées dans des plans différents, et ne se coupent pas, quoique leurs directions soient perpendiculaires à l'axe de rotation : nous allons démontrer que l'on peut, sans changer en rien, le mouvement de rotation du corps, transporter ces forces parallèlement à elles-mêmes sur un plan quelconque perpendiculaire à l'axe de rotation, que nous prendrons pour plus de simplicité pour celui des $x\,y$, et que ces forces peuvent se combiner entr'elles comme si elles étaient réellement comprises dans un seul et même plan.

Soient en effet : (fig. 2)

$o\,z$ l'axe de rotation du corps.

$o\,x$) les axes des coordonnées perpendiculaires à l'axe de
$o\,y$)   rotation.

a le point où la force $+ Y$ rencontre le plan des $x\,z$.

b la projection de a sur le plan des $y\,z$.

c la projection de a sur le plan des $x\,y$

On a par construction :

$$o\,b = a\,c \qquad a\,b = o\,c.$$

Au point c menons deux forces $+ Y^1$ et $- Y^1$, dans le prolongement l'une de l'autre, égales et parallèles à la force $+ Y$.

Les deux forces $+ Y^1$ et $- Y^1$ s'entredétruiront et ne changeront en rien le mouvement de rotation du corps.

Cela posé, remarquons que la force $+ Y$ agit autour de l'axe de rotation avec le bras de levier $a\,b$, qui est égal au bras de levier $a\,c$ de la force $- Y^1$. Les deux couples qui en résultent et qui tendent à faire tourner le corps en sens contraires, s'entredétruisent et ne peuvent modifier en rien le mouvement de rotation du corps : tout ce qu'il peut en résulter ce sont des pressions en deux points de l'axe fixe, pressions dont nous ne nous occuperons pas.

Il ne reste donc que la force $+ Y^1$, qui est la force $+ Y$ transportée parallèlement à elle-même sur le plan des $x\,y$.

La force X pourrait par un procédé semblable être transportée sur le même plan sans qu'il y eût rien de changé dans le mouvement de rotation du corps.

Ceci démontré, représentons par :

R la résultante des forces X et Y, ou la résultante des quantités de mouvement de rotation dont les molécules de M sont animées.

On a en vertu des relations connues et de celles (XI)

$$R = \sqrt{X^2 + Y^2}$$

$$R = \omega M \sqrt{x_1^2 + y_1^2} = \omega M\, r_1 \qquad \text{(XII)}$$

Soit :

α l'angle que fait la résultante R avec l'axe des X : α doit satisfaire aux équations

$$X = R \cos \alpha$$
$$Y = R \sin \alpha$$

d'où en vertu des équations (XI) et (XII)

$$\cos \alpha = \frac{X}{R} = \frac{-\, y_1}{\sqrt{x_1^2 + y_1^2}}$$

$$\sin \alpha = \frac{Y}{R} = \frac{x_1}{\sqrt{x_1^2 + y_1^2}}$$

$$\operatorname{tg} \alpha = -\frac{x_1}{y_1}$$

Soit en outre

β l'angle que fait avec l'axe des x la droite menée de l'origine au centre de gravité.

Les coordonnées du centre de gravité étant x_1 et y_1 nous poserons

$$\operatorname{tg} \beta = \frac{y_1}{x_1}$$

Mais par suite des valeurs de α et de β, la relation suivante est satisfaite d'elle-même.

$$1 + \operatorname{tg} \alpha \operatorname{tg} \beta = 1 - \frac{x_i}{y_i} \cdot \frac{y_i}{x_i} = 0$$

Il en résulte que les droites qui font les angles α et β avec l'axe des x sont perpendiculaires entr'elles, ce qui signifie que :

« La direction de la résultante R de toutes les quantités de
» mouvement de rotation du corps, est perpendiculaire à la
» droite qui mesure la plus courte distance du centre de gravité
» du corps à l'axe de rotation. »

---

§ 8. Si l'on conserve les notations précédentes, le moment de la quantité de mouvement de rotation d'un corps, relativement a une droite quelconque parallèle a l'axe de rotation et passant par le point x y, est exprimé par

$$q\,R = \omega\,M\,(k^2 + x_i^2 + y_i^2 - x\,x_i - y\,y_i) \quad \text{(XIII)}$$

q étant le bras de levier de la force R relativement a la droite passant par le point $x,\ y$.

Représentons par

λ le bras de levier de la force R relativement à l'axe de rotation.

Le produit λ R est le moment de la force R par rapport à l'axe de rotation, moment qui est aussi exprimé par la formule (VIII).

Il en résulte

$$\lambda\,R = \omega\,M\,(k^2 + x_i^2 + y_i^2)$$

Substituant à R sa valeur équation (XII) il vient

$$\lambda = \frac{k^2 + x_i^2 + y_i^2}{\sqrt{x_i^2 + y_i^2}} \quad \text{(XIV)}$$

Soient actuellement (fig. 3)

o l'origine des coordonnées et la projection de l'axe de rotation du corps M.

$o\,X$ }
$o\,Y$ } les axes rectangulaires des coordonnées.

$o\ i$ une droite menée de l'origine au centre de gravité du corps projeté sur le plan des coordonnées en x_1, y_1.

d le point où la direction de R occupe la droite $o\ i$.

$d\ k$ la direction de la force R perpendiculaire sur $o\ i$.

$o\ d = \lambda$ le bras de levier de R relativement à l'axe de rotation projeté en o.

a la projection sur le plan des coordonnées, de la droite parallèle à l'axe de rotation relativement à laquelle on prend le moment de R.

$\left.\begin{array}{l} o\ b = x \\ o\ c = y \end{array}\right\}$ les coordonnées de a.

$a\ e = q$ la perpendiculaire menée du point a sur la direction $e\ k$ de la force R.

En d'autres termes q est le bras de levier de R relativement à la droite projetée en a.

α l'angle $d\ o\ k$ que fait la direction de λ avec l'axe des x.

β l'angle $o\ k\ d$ que fait la direction de R avec l'axe des x.

Les angles α et β sont complémentaires l'un de l'autre, parce que $d\ k$ est perpendiculaire sur $o\ d$.

Formons les rectangles $a\ e\ h\ g$ et $a\ b\ o\ c$; nous aurons les relations :

$$o\ d = \lambda = o\ k \cos \alpha$$

$$o\ k = \frac{\lambda}{\cos\ \alpha}$$

$$b\ g = a\ b\ \text{tg}\,(b\ a\ g) = y\ \text{tg}\,(b\ a\ g)$$

Mais l'angle $(b\ a\ g)$ est égal à celui $d\ o\ k = \alpha$, parce que les côtés du premier angle sont perpendiculaires sur ceux du second ; donc :

$$b\ g = y\ \text{tg}\ \alpha$$

On a aussi

$$g\ k = o\ k - o\ b - b\ g$$

$$g\ k = \frac{\lambda}{\cos\ \alpha} - x - y\ \text{tg}\ \alpha$$

$$q = a\,e = y\,h = y\,k\cos\alpha$$

$$q = \lambda - x\cos\alpha - y\sin\alpha$$

D'ailleurs x_1 et y_1 étant les coordonnées du centre de gravité du corps, centre qui est sur la droite $o\,i$, il vient :

$$\operatorname{tg}\alpha = \frac{y_1}{x_1}$$

$$\sin\alpha = \frac{y_1}{\sqrt{x_1^2 + y_1^2}}$$

$$\cos\alpha = \frac{x_1}{\sqrt{x_1^2 + y_1^2}}$$

Substituant dans l'expression de la valeur de q à $\sin\alpha$ et $\cos\alpha$ leurs valeurs en fonction de x_1 et y_1 et à λ sa valeur équation (XIV), il vient

$$q = \frac{k^2 + x_1^2 + y_1^2 - x\,x_1 - y\,y_1}{\sqrt{x_1^2 + y_1^2}} \qquad (XV)$$

Multipliant cette équation membre à membre par celle (XII) on obtient

$$q\,R = \omega\,M\,(k^2 + x_1^2 + y_1^2 - x\,x_1 - y\,y_1) \qquad (XIII)$$

C Q F D.

La formule XIII donne la valeur absolue du moment $q\,R$, dont le signe dépendra du sens de la direction de R, comparée aux autres forces dont on prend le moment.

En supposant $x = o$, $y = o$ dans l'équation (XIII), ce qui revient à prendre le moment de R relativement à l'axe de rotation, on retombe sur la formule (VIII).

Les coordonnées x et y doivent être affectées des signes qui leur conviennent dans les équations (XIII) et (XV). Par exemple, si le point $x_1\,y$, relativement auquel on prend le moment de la force R, était situé au-dessous de l'axe des x, l'ordonnée y deviendrait négative et l'on aurait

$$q = \frac{k^2 + x_1^2 + y_1^2 + y\,y_1 - x\,x_1}{\sqrt{x_1^2 + y_1^2}} \qquad \text{(XV}^{\text{bis}}\text{)}$$

$$q\,\mathrm{R} = \omega\,\mathrm{M}\,(k^2 + x_1^2 + y_1^2 + y\,y_1 - x\,x_1) \qquad \text{(XIII}^{\text{bis}}\text{)}$$

Nous pouvons en faire une démonstration directe au moyen de la figure 4, dans laquelle le point a tombe au-dessous de l'axe des x : nous conserverons d'ailleurs les notations précédentes.

On a :

$$o\,d = \lambda$$

$$a\,c = o\,b = x$$

$$a\,b = o\,c = y$$

$$a\,e = q\ \text{valeur cherchée.}$$

$$\alpha = \text{angle}\,(d\,o\,l) = \text{angle}\,(b\,a\,g)$$

$$\beta = \text{angle}\,(d\,k\,o)\ \text{complément de }\alpha.$$

$$\lambda = o\,d = o\,k \cos\alpha$$

$$o\,k = \frac{\lambda}{\cos\alpha}$$

$$o\,g = a\,b\ \mathrm{tg}\,(b\,a\,g)$$

$$b\,g = y\ \mathrm{tg}\,\alpha$$

$$o\,g = o\,b - b\,g$$

$$o\,g = x - y\ \mathrm{tg}\,\alpha$$

$$g\,k = o\,k - o\,g$$

$$g\,k = \frac{\lambda}{\cos\alpha} - x + y\ \mathrm{tg}\,\alpha$$

$$q = a\,e = g\,h = g\,k \cos\alpha$$

$$q = \lambda - x \cos\alpha + y \sin\alpha$$

Substituant à $\cos\alpha$ et $\sin\alpha$ leurs valeurs en fonction de x_1 et y_1, et à λ sa valeur (XIV), il vient

$$q = \frac{k^2 + x_1^2 + y_1^2 + y\, y_1 - x\, x_1}{\sqrt{x_1^2 + y_1^2}}$$

$$q\, R = \omega\, M\, (k^2 + x_1^2 + y_1^2 + yy_1 - x\, x_1)$$

$$C\ Q\ F\ D.$$

---

§ 9. LES COORDONNÉES DU CENTRE DE GRAVITÉ DE LA BOUCHE-A-FEU ÉTANT CONNUES, LORSQUE L'AME EST HORIZONTALE, EN DÉDUIRE LES COORDONNÉES DE CE CENTRE POUR UNE INCLINAISON QUELCONQUE θ DE L'AXE DE L'AME.

—

Dans le plan vertical du tir et par l'axe des tourillons comme origine faisons passer deux droites, l'une horizontale et l'autre verticale qui seront les axes des coordonnées.

Soient (fig. 5)

o la projection de l'axe des tourillons et l'origine des coordonnées.

$o\ X$ l'axe des x.

$o\ Y$ l'axe des y.

m la position du centre de gravité de la pièce lorsque l'âme est horizontale.

$m\, x = a$ l'ordonnée verticale du point m.

$o\ x = a'$ l'abscisse horizontale de m.

L'axe de l'âme ayant été placé dans la direction horizontale, si nous lui donnons ensuite une élévation θ en faisant tourner la pièce sur les tourillons comme charnière, tous les points de la bouche à feu décriront autour de l'axe des tourillons des arcs de cercle dont les angles au centre seront tous égaux à θ : et les distances de ces points à l'axe des tourillons ne varieront pas.

Le centre de gravité de la pièce est sensiblement sur l'axe de l'âme, et il est placé au dessus de l'axe des tourillons lorsque l'âme est horizontale, et un peu en arrière vers la culasse. Le centre de gravité m s'abaissera lorsque l'on élèvera l'axe de l'âme, et viendra occuper la position m' : et, sa distance à l'axe des tourillons étant invariable, on aura :

$$o\,m = o\,m'$$

Représentons par

$d = m'\,x'$ l'ordonnée verticale de la nouvelle position du centre de gravité correspondante à l'angle θ du tir.

$d' = o\,x'$ l'abscisse horizontale de la nouvelle position du centre de gravité.

φ l'angle auxiliaire $(m'\,o\,x)$.

Les formules de trigonométrie rectiligne donnent

$$\sin(\varphi - \theta) = \sin\varphi \cos\theta - \sin\theta \cos\varphi$$
$$\cos(\varphi - \theta) = \sin\varphi \sin\theta + \cos\varphi \cos\theta$$

Il résulte des triangles rectangles $m\,o\,x$ et $m'\,o\,x'$;

$$\sin(\varphi - \theta) = \frac{m'\,x'}{o\,m'}$$

$$\cos(\varphi - \theta) = \frac{o\,x'}{o\,m'}$$

et à cause de $o\,m' = o\,m$

$$\sin(\varphi - \theta) = \frac{m'\cdot x'}{o\,m}$$

$$\cos(\varphi - \theta) = \frac{o\,x'}{o\,m}$$

on a aussi

$$\sin\varphi = \frac{m\,x}{o\,m}$$

$$\cos\varphi = \frac{o\,x}{o\,m}$$

Substituant les valeurs de ces quatre dernières lignes trigonométriques dans les deux premières formules et supprimant le dénominateur commun $o\,m$, on obtient

$$m'\,x' = m\,x\,\cos\theta - o\,x\,\sin\theta$$
$$o\,x' = m\,x\,\sin\theta + o\,x\,\cos\theta$$

et mettant à la place des lignes $m'\,x'$, $m\,x$, $o\,x$, $o\,x'$ et $m\,x$, les lettres qui les représentent il vient :

$$\left.\begin{aligned} d &= a\,\cos\theta - a'\,\sin\theta \\ d' &= a\,\sin\theta + a'\,\cos\theta \end{aligned}\right\} \quad (\text{XVI})$$

---

§ 10. DÉTERMINER LA LONGUEUR DE LA PERPENDICULAIRE ABAISSÉE DE LA CROSSE SUR L'AXE INCLINÉ DU CANON

Dans le plan vertical du tir menons deux axes des coordonnées, l'un vertical et l'autre horizontal qui se couperont au point d'appui de la crosse sur le sol, lequel sera l'origine.

Soient (Fig. 6.)

$o\,x$ l'axe des abscisses.

$o\,y$ l'axe des ordonnées.

o l'origine au point de contact de la crosse sur le sol.

m le centre de gravité du canon situé sur l'axe de l'âme.

θ l'angle d'élévation du canon.

$m\,y$ une parallèle à l'axe des x.

$y = o\,y = m\,x$ l'ordonnée du centre de gravité de la bouche à feu.

$x = o\,x = m\,y$ l'abscisse du centre de gravité de la bouche à feu.

$m\,n$ l'axe incliné du canon.

$\gamma = o\,n$ la perpendiculaire cherchée menée du point o sur $m\,n$.

On a en vertu de l'équation V

$$\gamma = y\,\cos\theta - x\,\sin\theta$$

Nous représentons dans la suite de ce mémoire les coordonnées du centre de gravité du *canon* par les lettres suivantes :

$$c + d = y$$
$$c' - d' = x$$

Il en résulte

$$\gamma = (c + d) \cos \theta - (c' - d') \sin \theta \quad (XVII).$$

Ces lettres ont les significations suivantes :

d } ordonnée verticale
d' { abscisse horizontale } du centre de gravité du canon rapportée à deux axes qui se coupent sur l'axe des tourillons.

c { ordonnée verticale
c' } abscisse horizontale } de l'axe des tourillons rapportée à deux axes qui se coupent au point d'appui de la crosse sur le sol.

Les lignes d et d' ont des valeurs variables exprimées dans les équations XVI en fonction des données de construction de la bouche à feu et de l'angle θ. Substituant ces valeurs dans l'équation XVII il vient

$$\gamma = a + c \cos \theta - c' \sin \theta \quad (XVIII).$$

Dans les mortiers sur affûts traineaux, l'axe de l'âme coupe celui des tourillons, en sorte que la ligne a, qui dans les canons exprime l'abaissement de l'axe des tourillons relativement à celui de l'âme, est nulle pour les mortiers.

En faisant donc $a = 0$, dans la formule XVIII, on aura pour la valeur de γ relative aux mortiers

$$\gamma = c \cos \theta - c' \sin \theta \quad (XIX).$$

§ 11. DÉTERMINER LA LONGUEUR DE LA PERPENDICULAIRE ABAISSÉE DE LA TÊTE DE LA VIS DE POINTAGE SUR L'AXE INCLINÉ DU CANON.

Soient :

n la longueur cherchée de la perpendiculaire abaissée de la tête de la vis de pointage sur l'axe incliné du canon.

$d + c - e$ la distance de la tête de la vis de pointage au plan horizontal passant par l'axe des tourillons.

$c' - d' - e'$ la distance de la tête de la vis de pointage au plan vertical passant par l'axe des tourillons.

Appliquons la formule V (§ 2) dans laquelle x et y ont pour valeurs.

$$x = c' - d' - e'$$
$$y = c + d - e$$

Il vient

$$n = (c + d - e) \cos \theta - (c' - d' - e') \sin \theta$$

Mettons à la place de d et d' leurs valeurs équation XVI on a :

$$n = a + (c - e) \cos \theta - (c' - e') \sin \theta \; (\text{XX})$$

Lorsqu'il s'agit de mortiers, l'abaissement de l'axe des tourillons est nul, ou $a = 0$, et n représente la distance du centre du coussinet de pointage à l'axe de l'âme ; on a dans ce cas

$$n = (c - e) \cos \theta - (c - e') \sin \theta \quad (\text{XXI})$$

Mais la valeur de n est généralement connue d'avance lorsqu'il s'agit des mortiers , parce que c'est ordinairement par le renfort, à sa partie cylindrique, que les bouches à feu de cette espèce appuient sur le coussinet de pointage. La perpendiculaire n dans ce cas est égale au demi diamètre extérieur de la pièce.

---

§ 12. Quantité de mouvement de recul du canon pendule.

Lors du tir, la force expansive des gaz , provenant de la combustion de la poudre , réagit en tous sens : elle procure au boulet sa vitesse initiale , et, par sa pression sur le fond de l'âme , elle communique au canon une certaine quantité de mouvement μ , dirigée suivant l'axe de l'âme , en sens opposé au chemin suivi par le projectile.

La bouche à feu, si elle n'était reliée à l'affût, reculerait avec une certaine vitesse v, que l'on déduit de la quantité μ au moyen de la relation.

$$v = \frac{\mu}{c}$$

c étant la masse de la pièce.

On appelle *quantité de mouvement de recul du canon pendule*, le produit $v c = \mu$ de la masse de la bouche à feu par la vitesse qu'elle prendrait lors du tir si elle n'était pas retenue par l'affût.

Il importe de ne pas confondre cette quantité de mouvement avec celle du boulet au sortir de l'âme, parce que celle-ci est toujours moindre.

Il n'y a pas de formule analytique ou empirique assez exacte pour exprimer l'une de ces quantités en fonction de l'autre. On en est donc réduit à une détermination pratique au moyen du canon pendule.

Cet appareil ainsi que son nom l'indique, est un pendule composé du canon suspendu à un axe fixe et horizontal.

L'âme de la pièce est horizontale quand le pendule est au repos.

Lors du tir, la réaction de la charge, contre le fond de l'âme, met ce pendule en mouvement, et l'on en déduit la quantité de mouvement de recul par des formules connues, dont nous avons donné une démonstration dans notre ouvrage sur la fabrication des canons.

PREMIÈRE PARTIE.

PERCUSSIONS PRODUITES

SUR LES AFFUTS

DANS LE TIR DES MORTIERS.

ARTICLE I.

MORTIER A PLAQUE. — Percussions qui ont lieu lorsque le mortier conserve ses appuis sur le sol et qu'il prend un mouvement de recul parallèlement au terrain.

§ 15. DONNÉES SUR LES MORTIERS A PLAQUE.

Il est une sorte de mortiers dépourvus de tourillons, nommés mortiers à plaque, parce qu'ils sont fixés à une plaque ou semelle qui tient lieu d'affût.

Souvent la bouche à feu et la semelle sont coulées d'une pièce.

La partie inférieure de la plaque, parfaitement dressée, est en contact avec la plate forme, lorsque la pièce est en batterie.

La pièce et la plaque n'ont pas d'articulation entr'elles, mais forment un système invariable ; il s'ensuit que le mortier à plaque tire constamment sous le même angle, qui est ordinairement de 45°, parce que c'est l'angle de plus grande portée.

Cependant pour quelques tirs particuliers tels que celui des fusées, celui des boulets munis de cordages pour établir une communication avec les navires en danger, etc., l'élévation de l'âme varie, et descend même jusqu'à 20° et au dessous

---

§ 14. NOTATIONS.

Nous supposons que la plaque n'a que deux arêtes de contact avec la plate forme : l'une à la partie antérieure vers la bouche du mortier, l'autre à la partie postérieure vers le cul de la pièce.

Ces arêtes sont parallèles entr'elles et perpendiculaires au plan vertical du tir.

La somme des percussions verticales exercées sur les arêtes de contact donnera la résultante des percussions verticales produites sur la plate forme, et le point d'application de cette résultante se déterminera conformément aux règles relatives aux forces parallèles.

Soient :

V la vitesse du recul parallèlement au sol.

M la masse du mortier.

h la hauteur du centre de gravité du mortier au dessus de la plate-forme.

h' la distance de la verticale passant par le centre de gravité du mortier à l'arête postérieure de contact de la plaque avec le sol.

r' la distance entre les deux arêtes de conctact de la plaque avec le sol.

Q la résistance normale du sol sur l'arête postérieure de contact de la plaque avec la plate forme.

$f\,Q$ la résistance du sol produite par le frottement de l'arête postérieure de la plaque contre la plate forme : frottement dû à la percussion Q.

E la résistance normale du sol sur l'arête antérieure de la plaque en contact avec la plate forme.

$f\,E$ la résistance du frottement contre la plate forme provenant de la percussion E.

θ l'angle que fait l'axe du mortier avec l'horizon.

μ l'impulsion ou la quantité de mouvement communiquée au mortier par la réaction de la charge.

γ la longueur de la perpendiculaire abaissée de l'arête postérieure de la plaque sur l'axe de l'âme. Cette perpendiculaire AB fig. 7 et 8 , sera considérée comme positive lorsqu'elle rencontrera l'axe de l'âme au dessus du sol comme à la figure (7), et négative lorsque cette rencontre aura lieu au dessous du sol comme à la figure (8). Notre démonstration s'appliquera à la figure (7). Les formules auxquelles nous parviendrons conviendront pour la figure (8) en changeant le signe de γ.

---

§ 15. Mouvement et percussions initiales qui ont lieu.

Le mortier se meut parallèlement à lui-même et au sol tout en conservant le contact de la plaque avec la plate forme sur tous ses points d'appui.

La plate forme reçoit deux chocs verticaux , l'un Q à l'arête postérieure, l'autre E à l'arête antérieure. Ces chocs engendrent les frottements f Q et f E , qui agissent tangentiellement au sol en sens contraire au recul.

---

§ 16. Mise en équation des percussions produites.

La résistance du sol aux arêtes d'appui de la plaque peut être représentée par des forces. En les introduisant dans les calculs nous pouvons faire abstraction de cette résistance et supposer le mortier comme un corps libre soumis à ces forces et à l'impulsion μ , et établir les conditions de l'équilibre qui doit exister entr'elles et les quantités de mouvement qui sont réellement imprimées.

Les composantes verticales des forces sont :

$$\mu \sin \theta$$
$$- Q$$
$$- E$$

Les composantes horizontales des forces sont :

$$\mu \cos \theta$$
$$- f\, Q$$
$$- f\, E$$

La vitesse horizontale **V** que prend le mortier produit la quantité de mouvement **MV**, appliquée au centre de gravité de la pièce.

Les deux premières équations de l'équilibre sont :

$$\mu \sin \theta - Q - E = 0 \qquad (1)$$
$$\mu \cos \theta - f\, Q - f\, E = M\,V \qquad (2)$$

Pour 3me équation nous formerons celle des moments relativement à l'arète postérieure de la plaque du mortier, pour laquelle les moments des forces Q, $f\,Q$ et $f\,E$ sont nuls.

Les bras de levier des forces μ, E et MV sont respectivement γ, r' et h : il en résulte

$$\mu\,\gamma + E\,r' = M\,V\,h \qquad (3)$$

En résolvant ces équations on obtient :

$$Q + E = \mu \sin \theta \qquad (4)$$
$$Q = \mu \sin \theta - E \qquad (5)$$
$$\frac{V}{\mu} = \frac{\cos \theta - f \sin \theta}{M} \qquad (6)$$
$$E = \frac{M\,V\,h - \mu\,\gamma}{r'_{\iota}} \qquad (7)$$
$$\frac{E}{\mu} = \frac{h\,(\cos \theta - f \sin \theta) - \gamma}{r'} \qquad (8)$$

---

§ 17. Observations sur les formules précédentes.

L'équation (4) montre que la somme $E + Q$ des percussions verticales contre les deux arêtes extrêmes de la plaque du mortier est égale à la composante verticale $\mu \sin \theta$ de la quantité de mouvement de recul produite par la réaction de la charge.

Il résulte des équations (4) et (5), que la percussion Q diminue lorsque E augmente et réciproquement. D'ailleurs connaissant E on en déduit Q et vice-versa.

L'équation (6) donne la vitesse V en fonction des données au mortier et de l'impulsion μ.

Connaissant V, l'équation (7) donne la valeur de E. Ainsi tout est connu. D'ailleurs on peut calculer E directement au moyen de la formule (8).

Ces diverses relations donnent lieu à plusieurs observations importantes concernant le tir des mortiers.

Les équations (6), (8) et (5) font voir que la vitesse du recul V et les percussions E et Q sont proportionnelles à l'effort μ de la charge contre la bouche à feu. Cette observation s'applique à toute percussion ou vitesse quelconque résultant du tir, et nous la généralisons dès maintenant pour ne plus y revenir.

La vitesse V (équation 6)

$$\frac{V}{\mu} = \frac{\cos \theta - f \sin \theta}{M}$$

est en raison inverse de la masse M de la bouche à feu.

Chaque fois que l'espace est restreint, comme à bord des navires, dans les batteries blindées, etc., on diminue la vitesse du recul en donnant une forte masse à la pièce.

La vitesse V augmente lorsque le coëfficient f décroît et réciproquement. Des plates-formes mouillées par la pluie, ou enduites d'une fine couche d'argile détrempée, deviennent glissantes : il en résulte de petites valeurs pour le coëfficient f, et par suite une vitesse de recul plus considérable.

La plus petite valeur du coëfficient f répond au tir sur de la glace, parce que le frottement μ est sensiblement nul. En faisant $f = 0$ dans l'équation (6) on obtient :

$$\frac{V}{\mu} = \frac{\cos\theta}{M} \qquad (9)$$

Cette formule donne la vitesse de recul la plus grande que le mortier puisse acquérir, pour un angle quelconque θ du tir, et dans l'hypothèse que la plaque conserve ses appuis sur la plate-forme.

On reconnaît à l'inspection du numérateur du second membre de l'équation (6) que V diminue lorsque θ augmente. Les mortiers tirent ordinairement sous des angles fort élevés et ont des reculs modérés. La valeur de θ qui donne la plus petite valeur de V se trouve en posant $V = 0$ dans l'équation (6) d'où

$$\cos\theta - f\sin\theta = 0$$

et par suite

$$tg\,\theta = \frac{1}{f} \qquad (10)$$

Ainsi le recul est anéanti lorsque l'angle du tir est égal à celui du frottement. Mais l'équation de condition :

$$\cos\theta - f\sin\theta = 0$$

introduite dans l'équation (8) donne pour E une valeur négative, ce qui signifie que la plaque du mortier est soulevée par la partie antérieure lorsque le recul est arrêté. Il s'en suit qu'en augmentant successivement l'angle du tir, la vitesse du recul diminue progressivement, et que, avant que cette vitesse ne devienne tout-à-fait nulle, on arrive à une inclinaison où la plaque du mortier perd son contact avec la plate-forme vers l'arête antérieure d'appui.

Si nous faisons $\theta = 0$ nous obtenons pour la plus grande valeur de V.

$$\frac{V}{\mu} = \frac{1}{M}$$

et l'influence du coëfficient du frottement a complètement disparu.

Mais pour que le mortier ne soit pas soulevé il faut qu'en faisant $\theta = 0$ dans l'équation (8) ce qui donne

$$\frac{E}{\mu} = \frac{h - \gamma}{r}$$

on obtienne pour E une valeur positive, laquelle ne sera possible que pour autant que l'on aura

$$h - \gamma = \text{ ou } > 0.$$

Cette condition est remplie lorsque le centre de gravité du mortier est sur ou au-dessus de l'axe de l'âme. Mais cette hypothèse n'est jamais réalisée avec les bouches à feu en usage.

Ces considérations sont vraies pour des valeurs positives de γ, c'est-à-dire lorsque l'axe de l'âme prolongé coupe le sol en arrière de l'arête postérieure d'appui du mortier, comme c'est le cas de la fig. (7). Mais si γ était négatif, c'est-à-dire si l'axe de l'âme prolongé coupait le sol entre les deux arêtes d'appui du mortier fig. (8) il faudrait tenir compte de ce changement de signe.

Examinons l'équation (8)

$$\frac{E}{\mu} = \frac{h(\cos\theta - f\sin\theta) - \gamma}{r'}$$

qui donne la percussion verticale E sur l'arête antérieure d'appui de la plaque du mortier.

La valeur de E doit être positive afin que la plaque ne soit pas soulevée à sa partie antérieure : cette condition exige que l'on ait :

$$h(\cos\theta - f\sin\theta) - \gamma = \text{ ou } > 0 \qquad (11)$$

Dans cette formule γ joue un rôle important. En effet si γ est plus grand que $h(\cos\theta - f\sin\theta)$ la percussion E devient négative. Lorsque l'axe de l'âme, suffisamment prolongé passe au-dessus de l'arête postérieure de la plaque du mortier en contact avec le sol il y a une tendance au soulèvement qui ne peut être empêché que pour autant que l'on ait

$$h(\cos\theta - f\sin\theta) = \text{ ou } > \gamma$$

Tel est le cas de la figure (7).

On prévient le soulèvement du mortier en allongeant la plaque en arrière du cul de la bouche à feu et reculant ainsi l'arête postérieure.

En procédant graduellement la perpendiculaire γ, diminue constamment ; elle devient nulle lorsque l'axe de l'âme prolongé rencontre l'arête postérieure de la plaque ; enfin γ change de signe, lorsqu'elle est située sous la plaque, comme à la figure 8. La stabilité du mortier en est augmentée, car au lieu de la formule (8) nous aurons celle (8bis)

$$\frac{E}{\mu} = \frac{h\,(\cos\theta - f\sin\theta) + \gamma}{p'} \qquad (8^{\text{bis}}).$$

La condition d'avoir la percussion E positive est ramenée à celle

$$h\,(\cos\theta - f\sin\theta) + \gamma = \text{ou} > 0 \qquad (11^{\text{bis}})$$

relation plus facile à satisfaire que celle   (8).

Concluons que dans le tir des mortiers à plaque, il importe que l'arête postérieure de la plaque soit assez éloignée du cul de la pièce pour que l'axe de l'âme suffisamment prolongé, vienne rencontrer le sol en avant de cette arête.

Il est essentiel pour la conservation de la plate forme que les percussions Q et E soient égales. Dans cette hypothèse l'équation (4) donne :

$$Q = E = \tfrac{1}{2}\,\mu\,\sin\theta.$$

Cette valeur de E substituée dans l'équation (8) produit

$$\tfrac{1}{2}\sin\theta = \frac{h\,(\cos\theta - f\sin\theta) - \gamma}{r'}$$

Telle est l'équation de condition pour que les percussions verticales aux extrémités de la plaque du mortier soient égales.

En supposant qu'il s'agisse d'un mortier à plaque tirant sous l'angle de 45°, nous aurons les valeurs suivantes :

$$\sin 45° = \cos 45° = \tfrac{1}{2}\sqrt{2}\ldots$$

En introduisant ces valeurs dans l'équation de condition pour que les percussions E et Q soient égales, il vient

$$2\,h\,(1 - f) = r' + \frac{4\,\gamma}{\sqrt{2}}.$$

Toutes choses égales d'ailleurs, si nous augmentons l'intervalle r' entre les arêtes extrêmes de la plaque, la résultante des efforts verticaux E + Q sera supportée par une plus grande partie de la plate-forme, et celle-ci sera moins exposée à être enfoncée. Il y a donc avantage à avoir des plaques d'une grande longueur : d'autant plus qu'on peut en profiter pour augmenter la stabilité du mortier.

On déduit de l'équation (2)

$$f(Q + E) = \mu \cos \theta - MV.$$

La résistance produite par le frottement initial de la plaque sur le sol est égale à la composante horizontale $\mu \cos \theta$ de la réaction de la charge, diminuée de la quantité de mouvement de recul M V communiquée à la pièce.

Cette force horizontale $\mu \cos \theta - MV$ indique la résistance dont la plate forme doit être capable pour ne pas glisser sur le sol lors du recul.

ARTICLE II.

MORTIER A PLAQUE. — Percussions qui ont lieu lorsque le mortier est soulevé, prend un mouvement de translation parallèlement au sol et tourne comme sur une charnière autour de l'arête postérieure d'appui de la plaque.

§ 18. NOTATIONS.

Indépendamment des notations de l'article précédent, nous représenterons par :

ω la vitesse angulaire initiale du mortier autour de l'arête postérieure de la plaque en arrière du mortier,

$M k^2$ le moment d'inertie du mortier relativement à une droite passant par son centre de gravité et parallèle à l'arête de contact de la plaque avec la plate-forme.

$N = M(k^2 + h^2 + h'^2)$ le moment d'inertie (§ 6) du mortier relativement à l'arête du contact de la plaque avec la plate-forme.

§ 19. Mise en équation des quantités de mouvement, vitesses et percussions imprimées au mortier et a l'arête d'appui sur le sol.

—

L'arête antérieure de la plaque se détachant du sol, il n'y a pas lieu de s'occuper de la percussion E.

Le mortier ayant une vitesse angulaire ω, il en résulte une quantité de mouvement de rotation exprimée par (§ 7 équation XII)

$$\omega \, M \sqrt{h^2 + h'^2}$$

Les composantes de cette quantité de mouvement sont (§ 7 équation XI)

$$- \omega \, M \, h' \text{ composante verticale,}$$
$$+ \omega \, M \, h \text{ composante horizontale.}$$

La vitesse horizontale du recul V produit une quantité de mouvement M V.

Les forces verticales qui agissent sur le mortier sont :

$$\mu \sin \theta$$
$$- Q$$

Les forces horizontales sont :

$$\mu \cos \theta$$
$$- f Q$$

On en déduit les deux premières équations de l'équilibre qui doit exister entre les forces et les quantités de mouvement réellement imprimées.

$$\mu \sin \theta - Q = - \omega \, M \, h' \qquad (1)$$
$$\mu \cos \theta - f Q = M V + \omega \, M \, h \qquad 2)$$

Pour troisième équation formons celle des moments par rapport à l'arête postérieure de la plaque, pour laquelle les moments des forces Q et f Q sont nuls. D'ailleurs la percussion E n'existant pas, il n'y a pas lieu d'en prendre le moment.

Le moment de la réaction μ est $\mu \, \gamma$: celui de la quantité de mouvement M V est M V h, et le moment de la quantité de mouvement de rotation est ω M $(k^2 + h^2 + h'^2)$ (§ 7 équation VIII).

Il en résulte la relation :

$$\mu\,\gamma = \text{M V}\,h + \omega\,\text{M}\,(k^2 + h^2 + h'^2) \tag{5}$$

La résolution des équations 1, 2 et 3 donne :

$$\frac{V}{\mu} = \frac{(\cos\theta - f\sin\theta)\,(k^2 + h^2 + h'^2) - \gamma\,(h + f\,h')}{\text{M}\,\{\,k^2 + h^2 + h'^2 - h\,(h + f\,h')\,\}} \tag{4}$$

$$\frac{\omega}{\mu} = \frac{\gamma - h\,(\cos\theta - f\sin\theta)}{\text{M}\,\{\,k^2 + h^2 + h'^2 - h\,(h + f\,h')\,\}} \tag{5}$$

$$\frac{Q}{\mu} = \sin\theta + \frac{h_1\,\{\,\gamma - h\,(\cos\theta - f\sin\theta)\,\}}{k^2 + h^2 + h'^2 - h\,(h + f\,h')} \tag{6}$$

On trouve aussi les relations :

$$Q = \mu\sin\theta + \omega\,\text{M}\,h' \tag{7}$$

$$\omega = \frac{\mu\,\gamma - \text{M V}\,h}{\text{M}\,(k^2 + h^2 + h')} = \frac{\mu\,(\cos - f\sin\theta) - \text{M V}}{\text{M}\,(h + f\,h')} \tag{8}$$

Ces formules prennent une forme plus simple par l'introduction de la valeur de X (§ 18) : elles deviennent :

$$\frac{V}{\mu} = \frac{\text{X}\,(\cos\theta - f\sin\theta) - \gamma\,\text{M}\,(h + f\,h')}{\text{M}\,\{\,\text{X} - \text{M}\,h\,(h + f\,h')\,\}} \tag{9}$$

$$\frac{\omega}{\mu} = \frac{\gamma - h\,(\cos\theta - f\sin\theta)}{\text{X} - \text{M}\,h\,(h + f\,h')} \tag{10}$$

$$\frac{Q}{\mu} = \sin\theta + \frac{h'\,\text{M}\,\{\,\gamma - h\,(\cos\theta - f\sin\theta)\,\}}{\text{X} - \text{M}\,h\,(h + f\,h')} \tag{11}$$

$$\omega = \frac{\mu\,\gamma - \text{M V}\,h}{\text{X}} \tag{12}$$

Ces équations sont établies dans l'hypothèse (fig. 7) que l'axe de l'âme prolongé passe au-dessus de l'arète postérieure de la plaque. Mais dans le cas ordinaire des mortiers qui tirent sous des angles fort élevés, l'axe de l'âme passe au-dessous de cette arête (fig. 8). Dans ce cas il suffit de changer le signe de γ dans ces formules, qui deviennent

$$\frac{V}{\mu} = \frac{X (\cos \theta - f \sin \theta) + \gamma M (h + f h')}{M \left\{ X - M h (h + f h') \right\}} \qquad (9^{\text{bis}})$$

$$\frac{\omega}{\mu} = \frac{\gamma - h (\cos \theta - f \sin \theta)}{X - M h (h + f h')} \qquad (10^{\text{bis}})$$

$$\frac{Q}{\mu} = \sin \theta - \frac{h' M \left\{ \gamma + h (\cos \theta - f \sin \theta) \right\}}{X - M h (h + f h')} \qquad (11^{\text{bis}})$$

$$\omega = -\frac{\mu \gamma + M V h}{X} = \frac{\mu (\cos \theta - f \sin \theta) - M V}{M (h + f h')} \qquad (12^{\text{bis}})$$

La valeur de ω devant être positive, la première des équations 12bis montre, par la valeur essentiellement négative qui en résulte pour ω, que la supposition du soulèvement du mortier par la partie antérieure est impossible, et que dans le tir sur une plate forme, le mortier présente toute stabilité du moment que l'axe de l'âme prolongé (fig. 8) coupe le sol entre les deux crètes d'appui de la plaque.

Mais ces équations N^{os} bis, qui n'ont aucune raison d'être pour le cas ordinaire du tir sur une plate forme, deviendraient d'une utilité pratique, si l'on supposait que la plate forme est remplacée par deux directrices ou rails de chemin de fer, emboîtés par des coulisses qui seraient ménagées sous la plaque du mortier.

Le recul se faisant sur ce chemin de fer, et le centre de gravité de la pièce étant supposé sous le chemin de fer, l'ordonnée verticale h de ce centre de gravité change de signe et devient négative. Il est alors possible d'obtenir des valeurs positives pour ω.

Nous ne ferons qu'indiquer cette solution qui trouvera peut-être son application dans l'emploi des affûts sur chassis dont l'usage paraît devoir s'étendre.

§ 20. Observations sur les formules précédentes.

—

Les deux termes de la fraction

$$\frac{\omega}{\mu} = \frac{\gamma - h\,(\cos\theta - f\sin\theta)}{X - M\,h\,(h + f\,h')} \tag{10}$$

doivent être de mêmes signes, parce que ω est positif. Mais nous avons vu au § 17 de l'article I, que l'affût ne pouvait être soulevé qu'à la condition

$$h\,(\cos\theta - f\sin\theta) - \gamma < 0$$

d'où il résulte à la fois :

$$\gamma - h\,(\cos\theta - f\sin\theta) > 0$$
$$X - M\,h\,(h + f\,h') > 0$$

L'équation (10) montre que ω croît en même temps que γ : en d'autres termes, la vitesse angulaire de l'affût augmente lorsque la perpendiculaire sur l'axe de l'âme menée de l'arête postérieure d'appui de la plaque sur le sol devient plus grande. Plus le fond de l'âme est élevé, plus, toutes choses égales d'ailleurs, la perpendiculaire γ croît, et plus la bouche à feu est exposée à être renversée en arrière.

Il importe donc, dans les mortiers à plaque, qui sont dans le cas de la figure 7, que le fond de l'âme soit aussi rapproché que possible de la plate forme. On y parvient en faisant le tracé de la pièce, de manière qu'une partie de l'épaisseur du métal autour de l'âme soit prise dans l'épaisseur de la plaque.

L'équation (12)

$$\omega = \frac{\mu\,\gamma - M\,V\,h}{X}$$

fait voir que ω est en raison inverse du moment d'inertie μ du mortier relativement à l'arête postérieure d'appui de la plaque. On augmente ce moment d'inertie par l'allongement de la plaque en arrière de la pièce, ce qui fait en même temps diminuer γ.

Si nous posons $\omega = o$ l'équation (10) devient :

$$\gamma - h\,(\cos\theta - f\sin\theta) = o \qquad\qquad (a)$$

Telle est la relation qui doit être satisfaite pour que la vitesse angulaire ω soit nulle.

Si notre méthode est bonne pour la mise en équation, nous devons obtenir la même formule pour indiquer que la percussion E sur l'arête antérieure d'appui de la plaque est nulle pour le cas où le mortier conserve ses appuis sur le sol : car les formules relatives aux problèmes traités aux articles I et II, doivent coïncider à la limite qui les sépare.

L'équation (8) § 16 de l'article I est

$$\frac{E}{\mu} = \frac{h\,(\cos\theta - f\sin\theta) - \gamma}{r'}$$

L'hypothèse $E = o$ donne $h\,(\cos\theta - f\sin\theta) - \gamma = o$ (b) relation de condition identique avec celle (a)

L'équation (9)

$$\frac{V}{\mu} = \frac{X\,(\cos\theta - f\sin\theta) - \gamma\,M\,(h + f\,h')}{M\,\left\{\, X - M\,h\,(h + f\,h')\,\right\}}$$

fait voir que V est en raison inverse de M. La vitesse initiale du recul est retardée par la masse de la bouche-à-feu dans le cas du soulèvement tout comme lorsque la pièce conserve ses appuis sur le sol.

La vitesse V est moins rapide lorsque γ est plus grande. Ainsi la grandeur de la perpendiculaire γ, qui favorise la vitesse angulaire ω, est contraire à celle du recul V.

La vitesse V augmente lorsque θ diminue : plus l'angle du tir est faible, plus la direction de l'axe de l'âme se rapproche de l'horizontale, et plus la vitesse du recul est considérable.

Si nous supposons que le coefficient du frottement f, devient assez fort pour arrêter le recul, ou que ce frottement soit remplacé par un obstacle équivalent, comme le serait une charnière à l'arête postérieure de la plaque; dans cette hypothèse on a la relation $V = o$ et l'équation (12) devient

$$\omega = \frac{\mu\,\gamma}{X}$$

Telle serait la vitesse initiale angulaire dans le cas où le recul serait empêché.

Nous venons de voir qu'en ralentissant V on augmentait ω : cependant les nécessités du service exigent un recul modéré parce que la mise en batterie des mortiers est une opération laborieuse. D'ailleurs le soulèvement de la pièce est nuisible à la conservation de la plate forme, parce que la bouche-à-feu en retombant acquiert une force vive qui doit être détruite instantanément.

Comparons la percussion Q qui a lieu lors du soulèvement à celle qui se produit quand la plaque conserve ses appuis.

De l'équation (1) § 19 on déduit

$$ Q = \mu \sin \theta + \omega \, M \, h^1 $$

La percussion verticale Q sur l'arête postérieure de la plaque est, à elle seule, égale à la composante verticale $\mu \sin \theta$ de la réaction de la charge, tandis que d'après l'équation (1) du § 16, relative au cas où la plaque n'est pas soulevée, cette composante verticale $\mu \sin \theta$ se repartit sur les deux arêtes d'appui de la plaque et produit les chocs E et Q.

Le choc Q, lorsqu'il y a soulèvement du mortier, outre la force $\mu \sin \theta$, comprend la composante verticale $\omega \, M \, h^1$ de la quantité de mouvement de rotation de la pièce.

Il résulte de cette analyse que le soulèvement de la pièce est destructeur de la plate forme sous plusieurs rapports : parce que la composante verticale $\mu \sin \theta$ agit sur l'arête postérieure de la plaque seulement au lieu de se repartir sur les deux appuis du mortier : parce que le choc vertical sur la plate-forme est plus considérable que cette composante $\mu \sin \theta$: enfin, parce que le mortier en retombant sur le sol acquiert une force vive qui doit être détruite instantanément.

ARTICLE III.

—

MORTIER A TOURILLONS SUR AFFUT TRAINEAU. — Percussions produites lors du tir dans l'hypothèse que l'affût conserve ses appuis sur la plate-forme.

—

§ 21. Notations et hypothèses.

—

Les mortiers sur affûts-traineaux sont la seconde espèce de mortiers. Ils ont des tourillons placés vers l'extrémité de la pièce en arrière du fond de l'âme. L'axe des tourillons coupe celui de l'âme.

L'élévation est donnée par un vis de pointage ou plus généralement par un coin ou coussinet de pointage.

Le contact du coussinet avec la pièce a lieu avec le renfort à la partie cylindrique que présente la forme extérieure de la bouche-à-feu : la résultante de la résistance du coussinet est donc dirigée perpendiculairement à l'axe de l'âme.

Nous supposons, comme pour les mortiers à plaque, que l'affût repose sur la plate-forme suivant deux arrêtes de contact, l'une à la partie antérieure vers la bouche de la pièce, l'autre à la partie postérieure vers le cul du mortier.

Nous représenterons par :

C la masse du mortier,

A la masse de l'affût,

$M = A + C$ les masses réunies du mortier et de l'affût,

μ l'impulsion provenant de la réaction de la charge,

θ l'angle d'élévation de l'axe de l'âme au-dessus de l'horizon,

γ la perpendiculaire menée de l'arète postérieure d'appui de l'affût sur l'axe de l'âme prolongé.

V la vitesse du recul parallèlement au sol,

T la composante verticale de la résultante des percussions exercées par les tourillons sur leurs encastrements.

T^1 la composante horizontale de la résultante des percussions exercées par les tourillons sur leurs encastrements.

Q la percussion exercée par l'arête postérieure de l'affût normalement à la plate-forme.

fQ le frottement provenant de la percussion Q,

E la percussion exercée par l'arête antérieure de l'affût normalement à la plate-forme.

fE le frottement provenant de la percussion E,

P la résultante des percussions sur le coussinet de pointage, dirigée perpendiculairement à l'axe de l'âme,

r^1 la distance entre les deux arêtes antérieure et postérieure de l'affût, suivant lesquelles a lieu le contact avec la plate-forme.

c la hauteur de l'axe des tourillons au dessus de la plate-forme,

c^1 la distance du plan vertical passant par l'axe des tourillons à l'arête d'appui postérieure de l'affût,

e la hauteur du centre du coussinet de pointage au-dessus de la plate-forme : centre par lequel passe la force P,

e^1 la distance de la verticale passant par le centre du coussinet de pointage à l'arête postérieure d'appui de l'affût,

d la hauteur du centre de gravité du mortier au-dessus du plan horizontal passant par l'axe des tourillons.

d^1 la distance du centre de gravité du mortier au plan vertical passant par l'axe des tourillons.

a^1 La distance du centre de gravité du mortier à l'axe des tourillons,

g la hauteur du centre de gravité de l'affût au-dessus de la plate-forme,

g^1 la distance de la verticale passant par le centre de gravité de l'affût à l'arête postérieure d'appui sur la plate-forme,

$e - c$ la distance du centre du coussinet de pointage au-dessus du plan horizontal passant par l'axe des tourillons.

$c' — c^1$ la distance du centre du coussinet de pointage au plan vertical passant par l'axe des tourillons.

h la hauteur du centre de gravité du mortier et de l'affût réunis au-dessus du sol.

On observe les inégalités suivantes dans la construction ordinaire des affûts :

$$c + d > e > c > g$$

$$c' > r^1 > c^1 + d^1 > g^1 > c^1$$

---

§ 22. Mise en équation des quantités de mouvement imprimées au mortier.

—

Si nous remplaçons par des forces la résistance de l'affût suivant l'axe des tourillons et suivant le centre du coussinet de pointage, nous pourrons faire abstraction de l'affût et considérer le mortier comme un corps libre, soumis à ces forces et à la réaction μ de la charge, et établir les conditions de l'équilibre qui doit exister entre ces forces et cette réaction d'une part, et les quantités de mouvement réellement imprimées d'autre part.

Les forces qui agissent sur le mortier sont :

$\mu \sin \theta$ composante verticale $\Big\}$ de la réaction μ
$\mu \cos \theta$ composante horizontale

$— \mathrm{T}$ composante verticale $\Big\}$ de la résistance des encas-
$— \mathrm{T'}$ composante horizontale trements des tourillons.

On aura les composantes verticale et horizontale de la force **P**, en remarquant que cette force est perpendiculaire sur l'axe de l'âme et fait ainsi avec la verticale le même angle θ que l'axe de l'âme fait avec l'horizontale : de plus la composante verticale de **P** est négative parce qu'elle agit de bas en haut et que nous considérons comme positives les forces dirigées en sens contraire du haut en bas.

— P cos θ composante verticale $\{$ de la résistance du
P sin θ composante horizontale $\{$ coussinet de pointage.

Le mortier étant animé de la vitesse horizontale V il en résulte une quantité de mouvement C V, appliquée en son centre de gravité.

Les deux premières équations de l'équilibre sont :

$$\mu \sin \theta - T - P \cos \theta = o \qquad (1)$$

$$\mu \cos \theta - T' + P \sin \theta = C V \qquad (2)$$

Pour troisième équation nous formerons celle des moments relativement à l'axe des tourillons, relativement auquel les moments des forces μ, T et T' sont nuls.

Les bras de levier des composantes — P cos θ et P sin θ sont respectivement (§ 21) $e' - c'$ et $e - c$. Les moments qui en résultent tendent tous les deux à faire tourner le mortier dans le même sens et sont de mêmes signes.

D'ailleurs le moment de la quantité de mouvement C V imprimée au mortier est C V d, on a donc :

$$P \cos \theta \, (e' - c') + P \sin \theta \, (e - c) = C V d \qquad (3).$$

----

§ 25. MISE EN ÉQUATION DES QUANTITÉS DE MOUVEMENT IMPRIMÉES AU SYSTÈME DU MORTIER ET DE L'AFFUT RÉUNIS.

Considérons le mortier et l'affût réunis comme ne faisant qu'un seul corps solide, il y aura équilibre d'une part entre la réaction μ et la résistance du sol représentée par des forces , et d'autre part entre les quantités de mouvement réellement imprimées.

Les forces qui agissent sur le système du mortier et de l'affût réunis sont :

$\mu \sin \theta$ composante verticale $\}$ de la réaction μ
$\mu \cos \theta$ composante horizontale $\}$

— Q résistance normale du sol sur l'arête postérieure de l'affût.

— f Q frottement provenant de la percussion Q

— E résistance normale du sol sur l'arête antérieure de l'affût.

— f E frottement provenant de la percussion E.

La quantité de mouvement imprimée au système du mortier et de l'affût réunis résulte de la vitesse horizontale V et a pour expression $M V = (A + C) V$.

Cette force est appliquée au centre de gravité du mortier et de l'affût réunis, centre dont l'ordonnée verticale est h.

Les deux premières équations de l'équilibre entre les forces et les quantités de mouvement imprimées sont

$$\mu \sin \theta - Q - E = 0 \qquad (4)$$

$$\mu \cos \theta - f\,E - f\,Q = M V \qquad (5)$$

Pour troisième équation nous prendrons celle des moments relativement à l'arête postérieure de l'affût, pour laquelle les moments des forces Q, f Q et f E sont nuls. Nous aurons,

$$\mu \gamma + E\,r' = M V h \qquad (6).$$

---

§ 24. RÉSOLUTION DES ÉQUATIONS PRÉCÉDENTES.

Les équations (4), (5) et (6) sont exactement les mêmes que celles (1), (2) et (3) du § 15 relatives aux mortiers à plaque, pour le cas où la pièce conserve ses appuis sur le sol. L'élimination devant conduire aux mêmes résultats on a :

$$\frac{V}{\mu} = \frac{(\cos \theta - f \sin \theta)}{M} \qquad (7)$$

$$\frac{E}{\mu} = \frac{h\,(\cos \theta - f \sin \theta) - \gamma}{r'} \qquad (8)$$

$$Q = \mu \sin \theta - E \qquad (9)$$

On déduit des équations 1, 2 et 3.

$$P = \frac{C V d}{(e - c) \sin \theta + (e' - c') \cos \theta} \qquad (10)$$

$$T = \mu \sin \theta - P \cos \theta \qquad (11)$$

$$T' = \mu \cos \theta + P \sin \theta - C\,V \qquad (12)$$

Substituons dans les équations (7) et (8) à M sa valeur A + C et à h sa valeur déduite de la relation § (5)

$$M\,h = C\,(c + d) + A\,g \qquad (13)$$

il vient

$$\frac{V}{\mu} = \frac{\cos \theta - f \sin \theta}{A + C} \qquad (14)$$

$$\frac{E}{\mu} = \frac{(\cos \theta - f \sin \theta)\,\{C(c+d)+Ag\} - \gamma\,(A+C)}{r'\,(A+C)} \qquad (15)$$

Les formules auxquelles nous sommes parvenus sont relatives au cas où l'axe de l'âme prolongé passe au-dessus de l'arête postérieure de l'affût : nous avons vu le cas analogue pour les mortiers à plaque figure (7). C'est ce qui arrive ordinairement dans le tir des mortiers sur affût traineaux avec l'angle de 30° et au dessous.

Mais lorsque l'axe de l'âme est élevé de 45° et au-delà son prolongement passe le plus souvent au-dessous de l'arête postérieure de l'affût et γ change de signe.

Pour nous assurer des circonstances qui font changer γ de signe, exprimons cette perpendiculaire sur l'axe de l'âme à l'aide de l'angle de tir θ et des coordonnées de l'axe des tourillons qui coupe celui de l'âme. Nous trouvons en appliquant la formule V § 2.

$$\gamma = c \cos \theta - c' \sin \theta \qquad (16)$$

et nous voyons que γ sera négatif quand on aura

$$c \cos \theta - c' \sin \theta < 0 \qquad\qquad \text{ou}$$

$$\frac{c}{c'} < tg\ \theta$$

Si nous introduisons cette valeur de γ ($eq : 16$) dans l'équation (8) elle devient

$$\frac{E}{\mu} = \frac{h \left(\cos \theta - f \sin \theta \right) - \left(c \cos \theta - c' \sin \theta \right)}{r'} \qquad (17)$$

L'équation (17) est applicable à toutes les valeurs de γ, dont le signe dépendra des valeurs numériques de c, c' et $\sin \theta$

---

§ 25. REMARQUES SUR LES ÉQUATIONS PRÉCÉDENTES.

L'équation (7) $\dfrac{V}{\mu} = \dfrac{\cos \theta - f \sin \theta}{M}$

est la même que l'équation (6) du § (16) relative aux mortiers à plaque. Les observations du § 17 sont entièrement applicables ici. Nous ajouterons que la formule (7) § 24 est indépendante de la position de l'axe des tourillons : il en résulte que le mode de liaison du mortier avec l'affût est sans influence sur la vitesse V du recul et que cette vitesse n'est fonction que de la masse entière M du système de l'angle θ du tir, du coëfficient f du frottement et de la réaction μ produite par la charge.

Les équations (8) et (9) du § (24) sont encore les mêmes que celles (5) et (8) du § (16) et il y a lieu de leur appliquer les remarques faites au § (17).

Il importe que les percussions E et Q soient aussi égales que possible, surtout pour les angles de tir élevés pour lesquels les chocs verticaux contre la plate-forme sont les plus considérables.

Il faut à cet effet que la construction du mortier et de l'affût satisfasse à l'équation de condition $E = Q$ tirée des égalités (8) et (9) on en déduit comme au § 17

$$\tfrac{1}{2} r' \sin \theta = h \left(\cos \theta - f \sin \theta \right) - \gamma$$

Substituant à γ sa valeur équation (16) on a

$$\tfrac{1}{2} r' \sin \theta = h \left(\cos \theta - f \sin \theta \right) - \left(c \cos \theta - c' \sin \theta \right)$$

Mettant à la place de θ sa valeur $60°$ qui est l'angle du tir le plus élevé pour les mortiers ordinaires, on obtient :

$$\tfrac{1}{2} r' \sin 60° = h \left(\cos 60° - f \sin 60° \right) - \left(c \cos 60° - c' \sin 60° \right)$$

Mais à cause des relations connues

$$\cos 60^\circ = \sin 30^\circ = \tfrac{1}{2}$$

$$\sin 60^\circ = \cos 30^\circ = \tfrac{1}{2}\sqrt{3}$$

la formule précédente devient

$$\tfrac{1}{2}\,r' = \frac{h - c}{\sqrt{3}} + c' - fh.$$

Lorsque les quantités r', h, f, c et c' satisferont à cette équation, on aura un système de mortiers, qui, sous l'angle de 60° le plus destructeur des plate-formes repartira les percussions normales au sol, également sur tous ses points d'appui.

Une condition essentielle, pour éviter des chocs trop considérables sur l'arête postérieure d'appui de l'affût, ainsi que nous le verrons à l'article suivant, est que l'affût ne soit pas soulevé : à cet effet la percussion E doit être positive ce qui exige (équation 17) l'inégalité.

$$h\,(\cos\theta - f\sin\theta) - c\cos\theta + c'\sin\theta > 0.$$

Pour que cette condition soit aisément satisfaite il faut que c' soit aussi grand que possible. D'où il résulte que la stabilité du mortier demande que l'intervalle entre l'arête postérieure d'appui de l'affût et la projection horizontale de l'axe des tourillons soit aussi grand que possible.

De plus c doit être aussi petit que la construction de l'affût le permet, c'est-à-dire qu'il faut abaisser l'axe des tourillons. Enfin h doit avoir la valeur la plus forte lorsque $\cos\theta - f\sin\theta$ est positif, et la plus faible lorsque cette quantité devient négative : cette dernière hypothèse n'est d'ailleurs jamais réalisée dans les bouches-à-feu de l'artillerie.

L'équation (10) § (24)

$$P = \frac{C\,V\,d}{(e - c)\sin\theta + (e' - c')\cos\theta}$$

conduit à plusieurs remarques intéressantes.

Nous voyons que la percussion contre le coussinet de pointage est proportionnelle à la masse C du mortier, à la vitesse V du recul, à la hauteur d du centre de gravité du mortier au-dessus de l'axe des tourillons. Cette percussion est en raison inverse du dénominateur

$$(e - c) \sin \theta + (c' - c') \cos \theta.$$

Ainsi à calibre égal et à même charge et toutes autres choses restant les mêmes, le mortier le plus pesant fatiguera le plus le coussinet de pointage : c'est précisément l'inverse de ce que nous remarquerons plus tard quand nous étudierons les canons.

Le choc P croît quand V augmente. Si le tir avait lieu sur de la glace ou sur une plate-forme graissée ou produisant peu de frottement, la vitesse du recul augmenterait et la percussion P serait plus violente contre le coussinet de pointage.

A mesure que le centre de gravité du mortier se rapproche de l'axe des tourillons, d diminue ainsi que P : et si le centre de gravité se trouvait sur cet axe, P serait nul. Ainsi, pour soulager le coussinet de pointage, il faut faire en sorte que l'axe des tourillons soit aussi rapproché que possible du centre de gravité de la bouche-à-feu.

Si d était négative, c'est-à-dire si le centre de gravité de la pièce, se trouvait au-dessous de l'axe des tourillons, celui-ci coupant toujours l'axe de l'âme, P serait également négative, et le mortier, au lieu de heurter le coussinet de pointage lors du tir, s'en écarterait au contraire par le relèvement de la volée.

Nous voyons que P s'amoindrit lorsque $e - c$ et $c' - c'$ deviennent plus considérables, c'est-à-dire à mesure que le coussinet de pointage est plus éloigné de l'axe des tourillons et par suite plus rapproché de la plate bande de volée.

Pour apprécier l'influence de l'angle θ, il faudrait, dans la formule (10), substituer à V et d leurs valeurs en fonction θ, et appliquer ensuite la méthode des coëfficients différentiels, pour la recherche des maxima et minima. La valeur de V en fonction de θ est donnée par l'équation (14) : quant à d on trouvera facilement que l'on a $d = a' \sin \theta$: en représentant par a' la distance connue du centre de gravité du mortier à l'axe des tourillons. Cette marche conduirait à une solution que nous ne ferons qu'indiquer. Toutefois l'on peut obtenir un premier rapport entre θ et P. En effet remarquons que P = 0 pour V = 0. L'hypothèse de V = 0 introduite dans l'équation (10) donne

$$\cos \theta - f \sin \theta = 0 \quad \text{d'où}$$

$$\operatorname{tg} \theta = \frac{1}{f}.$$

On conçoit en effet que lorsque le recul est nul, la percussion sur le coussinet de pointage doit l'être également. Le recul est nul lorsque l'angle du tir est égal à celui du frottement du mortier sur la plate-forme.

L'équation (11)

$$T = \mu \sin \theta - P \cos \theta$$

fait voir que la percussion verticale sur l'axe des tourillons est égale à la composante verticale de l'impulsion μ diminuée de la composante verticale du choc P contre le coussinet de pointage.

Nous voyons par l'équation (13)

$$T' = \mu \cos \theta + P \sin \theta - CV$$

que la composante horizontale T' des percussions exercées sur l'axe des tourillons est égale à la somme des composantes également horizontales de la réaction μ et de la percussion P diminuée de la quantité de mouvement de recul CV dont le mortier est animé. Il en résulte qu'on soulage les tourillons en favorisant le recul et en augmentant la masse du mortier. Si le recul était entièrement arrêté le choc horizontal contre les tourillons serait un maximum.

ARTICLE IV.

MORTIER A TOURILLONS SUR AFFUT TRAINEAU. — Percussions qui ont lieu lorsque le système du mortier et de l'affût est soulevé par sa partie antérieure et prend un mouvement de translation parallèlement au sol, tout en tournant comme sur une charnière autour de l'arête postérieure d'appui de l'affût.

---

§ 26. MISE EN ÉQUATION DES QUANTITÉS DE MOUVEMENT IMPRIMÉES AU MORTIER.

Outre les notations de l'article précédent, nous représentons par :

ω. la vitesse angulaire de l'affût.

CK^2 le moment d'inertie du mortier relativement à une droite passant par le centre de gravité et parallèle à l'axe des tourillons.

AK'^2 le moment d'inertie de l'affût relativement à une droite passant par son centre de gravité et parallèle à l'axe des encastrements des tourillons.

h' la distance entre l'arête postérieure d'appui de l'affût et la verticale passant par le centre de gravité du système formé du mortier et de l'affût réunis.

Si nous remplaçons par des forces la résistance que l'affût oppose au mouvement du mortier suivant l'axe des tourillons et au coussinet de pointage, nous pourrons faire abstraction de l'affût et considérer la bouche-à-feu comme un corps libre soumis à ces forces et à l'impulsion μ et établir les conditions de l'équilibre qui doit exister entre ces forces et cette impulsion d'une part et les quantités de mouvement réellement imprimées d'autre part.

Les forces auxquelles le mortier est soumis sont :

$\mu \sin \theta$ composante verticale $\quad \Big\}$ de l'impulsion μ
$\mu \cos \theta \quad$ id. horizontale

8

— T composante verticale   } de la résistance de l'affût
— T′ composante horizontale   } suivant l'axe des tourillons.
— P cos θ composante verticale   } de la résistance de l'affût
                                          suivant le coussinet de
+ P sin θ id.   horizontale) pointage.

Le mortier participant à la vitesse angulaire de l'affût, est animé de la vitesse ω autour de l'arête postérieure d'appui de l'affût. Il en résulte une quantité de mouvement de rotation exprimée par $\omega \, C \sqrt{(c+d)^2 + (c'+d')^2}$ dont les composantes sont § 7 équation XI.

— $\omega \, C \, (c'+d')$ composante verticale.

$\omega \, C \, (c+d)$ id.   horizontale.

La composante verticale est négative, parce qu'elle agit de bas en haut, et que nous considérons comme positives les forces verticales qui actionnent de haut en bas. La composante horizontale est positive parcequ'elle agit dans le sens du recul.

La vitesse V de recul de tout le système, produit sur le mortier une quantité de mouvement horizontale CV, dont la résultante est appliquée au centre de gravité de la pièce.

Les deux premières équations de l'équilibre sont :

$$\mu \sin \theta - T - P \cos \theta = - \omega \, C \, (c'+d') \qquad (1)$$

$$\mu \cos \theta - T' + P \sin \theta = CV + \omega \, C \, (c+d) \qquad (2)$$

Pour 5ᵐᵉ équation nous prendrons celle des moments de ces forces relativement à l'arête postérieure d'appui de l'affût.

Le bras de levier de la force μ est γ, d'où résulte le moment $\mu \, \gamma$.

La distance du centre de gravité du mortier à l'arête postérieure d'appui de l'affût est $\sqrt{(c+d)^2 + (c'+d')^2}$ et le moment de la quantité de mouvement de rotation de la pièce autour de cette arête est § 7 équation VIII, $\omega \, C \left\{ K^2 + (c+d)^2 + (c'+d')^2 \right\}$.

L'équation des moments est

$$\mu \, \gamma + T \, c' - T' \, c + P \, e' \cos \theta + P \, e \sin \theta =$$

$$= \omega \, C \left\{ K^2 + (c+d)^2 + (c'+d')^2 \right\} + VC \, (c+d) \qquad (3)$$

L'équation (3) a l'inconvénient d'avoir cinq inconnues ce qui allonge les procédés de l'élimination. On en obtient une autre qui ne renferme que trois inconnues en prenant les moments des forces relativement à l'axe des tourillons pour lequel les moments des chocs T et T' et μ sont nuls.

Les bras de levier des forces $P \cos \theta$, $P \sin \theta$, et $C V$ sont respectivement $c' - c'$, $c - c$ et d. Nommons q le bras de levier de la quantité de mouvement de rotation du mortier, pris relativement à l'axe des tourillons, nous aurons l'égalité.

$$P(c'-c')\cos \theta + P(c-c)\sin \theta = CVd + \omega C q \sqrt{(c+d)^2 + (c'+d')^2}$$

Nous déterminerons q au moyen de la formule § 8 équation XV,

$$q = \frac{K^2 + x_1^2 + y_1^2 - x\,x_1 - y\,y_1}{\sqrt{x_1^2 + y_1^2}}$$

dans laquelle les lettres ont les significations suivantes :

$$x_1 = c' + d'$$
$$y_1 = c + d$$
$$x = c'$$
$$y = c$$

Substituant ces valeurs il vient

$$q = \frac{K^2 + (c+d)^2 + (c'+d')^2 - c(c+d) - c'(c'+d')}{\sqrt{(c+d)^2 + (c'+d')^2}}$$

Au moyen de cette relation l'équation des moments devient :

$$P(c'-c')\cos \theta + P(c-c)\sin \theta =$$

$$= \left[\begin{array}{l} CVd + \\ + \omega C \left\{ K^2 + (c+d)^2 + (c'+d')^2 - c(c+d) - c'(c'+d') \right\} \end{array} \right] \quad (4).$$

L'avantage de la formule (14) est manifeste, puisqu'on peut en déduire immédiatement la valeur de P en fonction de V et de ω.

———

27. MISE EN ÉQUATION DES QUANTITÉS DE MOUVEMENT IMPRIMÉES AU MORTIER ET A L'AFFUT RÉUNIS.

Le mortier et l'affût ne se séparent pas dans les mouvements de glissement sur le sol et de rotation autour de l'arête postérieure d'appui de l'affût, qui accompagnent le recul : ils peuvent être considérés comme un système invariable libre soumis à l'impulsion μ provenant de la réaction de la charge, et aux forces qui représentent la résistance du sol sous l'arête d'appui de l'affût, et il doit y avoir équilibre entre cette impulsion et ces forces d'une part et les quantités de mouvement réellement imprimées à ce système d'autre part.

Les forces qui agissent sur le mortier et l'affût réunis sont :

$\mu \sin \theta$ composante verticale
$\mu \cos \theta$ id.   horizontale   } de la force μ

— Q résistance normale du sol sur l'arête postérieure d'appui de l'affût.

— fQ résistance du sol provenant du frottement produit par la percussion Q.

Les quantités de mouvement imprimées au système du mortier et de l'affût réunis sont :

$MV = (A + C)V$ quantité de mouvement horizontale produite par la vitesse V de recul : cette force est appliquée au centre de gravité du système formé du mortier et de l'affût réunis.

$\omega M \sqrt{h^2 + h'^2}$ ($\S$ 7 équation XII) quantité de mouvement de rotation du mortier et de l'affût réunis.

Les composantes de cette force sont ($\S$ 7 équation XI)

$\omega M h$ composante horizontale de la quantité de mouvement de rotation du mortier et de l'affût réunis, dirigée dans le sens du recul.

— $\omega M h'$ composante verticale de la quantité de mouvement de rotation du mortier et de l'affût réunis, dirigée de bas en haut.

Les deux premières équations de l'équilibre entre les forces et les quantités de mouvement sont :

$$\mu \sin \theta - Q = - \omega M h' \qquad (5)$$

$$\mu \cos \theta - f Q = \omega M h + M V \qquad (6)$$

La 3ᵐᵉ équation sera celle des moments que nous prendrons relativement à l'arête postérieure d'appui de l'affût, pour laquelle les moments des forces Q et $f Q$ sont nuls.

Le moment de l'impulsion μ est $\mu \gamma$.

Le moment de la force $M V$ est $M V h$.

Le moment de la quantité de mouvement de rotation est $\omega M \left\{ x^2 + h^2 + h'^2 \right\}$ en représentant par $M x^2$ le moment d'inertie du mortier et de l'affût réunis relativement à une droite passant par le centre de gravité de ce système et parallèle à l'axe des tourillons.

L'équation des moments est

$$\mu \gamma = MVh + \omega M \left\{ x^2 + h^2 + h'^2 \right\} \qquad (7)$$

Il est facile d'exprimer le moment d'inertie $M x^2$ du système en fonction des moments d'inertie de chacune des deux parties, mortier et affût, qui le composent.

Nous savons en effet, que le moment d'inertie d'un assemblage de corps relativement à une droite donnée est égal à la somme des moments d'inertie partiels de chacun de ces corps relativement à cette droite. Or le moment d'inertie du mortier relativement à l'arête postérieure d'appui de l'affût est :

$$C \left\{ K^2 + (c + d)^2 + (c' + d')^2 \right\} :$$

le moment d'inertie de l'affût par rapport à cette droite est

$$A \left\{ K'^2 + g^2 + g'^2 \right\}$$

Il en résulte

$$M \left\{ x^2 + h^2 + h'^2 \right\} = C \left\{ K^2 + (c + d)^2 + (c' + d')^2 \right\} + A \left\{ K'^2 + g^2 + g'^2 \right\} \quad (8).$$

§ 28. Résolution des équations précédentes.

On parvient par l'élimination entre les équations (5) (6) et (7) aux valeurs suivantes :

$$\frac{V}{\mu} = \frac{(x^2 + h^2 + h'^2)(\cos\theta - f\sin\theta) - \gamma(h + fh')}{M\left\{x^2 + h^2 + h'^2 - h(h + fh')\right\}} \tag{9}$$

$$\frac{\omega}{\mu} = \frac{\gamma - h(\cos\theta - f\sin\theta}{M\left\{(x^2 + h^2 + h'^2) - h(h + fh')\right\}} \tag{10}$$

$$\frac{Q}{\mu} = \sin\theta + \frac{h'\left\{\gamma - h(\cos\theta - f\sin\theta)\right\}}{x^2 + h^2 + h'^2 - h(h + fh')} \tag{11}$$

Ces formules deviennent identiques à celles obtenues pour les mortiers à plaque, pour le cas du soulèvement en faisant

$$X = M(x^2 + h^2 + h') = C^2\left\{K^2 + (c+d)^2 + (c'+d')^2\right\} + A\left\{K'^2 + g'^2 + g'^2\right\} \tag{12}.$$

L'expression représentée par X est le moment d'inertie du mortier et de l'affût réunis relativement à la droite autour de laquelle ce système tourne. On obtient par l'introduction de X, dans les équations précédentes :

$$\frac{V}{\mu} = \frac{X(\cos\theta - f\sin\theta) - \gamma M(h \quad fh')}{M\left\{X - Mh(h + fh')\right\}} \tag{9bis}$$

$$\frac{\omega}{\mu} = \frac{\gamma - h(\cos\theta - f\sin\theta)}{X - hM(hf + fh')} \tag{10bis}$$

$$\frac{Q}{\mu} = \sin\theta + \frac{h'M\left\{\gamma - h(\cos\theta - f\sin\theta)\right\}}{X - hM(h + fh')} \tag{11bis}$$

On déduit de l'équation (4)

$$P = \frac{CVd + \omega C\left\{K^2 + (c+d)^2 + (c'+d'^2) - c(c+d) - c'(c'+d')\right\}}{(c - c)\sin\theta + (c' - c')\cos\theta} \tag{12}.$$

Il résulte des équations (1) et (2)

$$T = \mu \sin \theta - P \cos \theta + \omega C (c' + d') \qquad (13)$$

$$T' = \mu \cos \theta + P \sin \theta - CV - \omega C (c + d) \qquad (14)$$

La valeur de P sera connue au moyen de l'équation (12) en y substituant à V et ω leurs valeurs données par les équations (9) et (10).

Connaissant V, ω et P, on tirera les valeurs de T et T' des équations (13) et (14).

---

§ 29. REMARQUES SUR LES ÉQUATIONS PRÉCÉDENTES.

Les équations (9bis) (10bis) (11bis) du § 28, qui donnent les valeurs de V, ω et Q sont les mêmes que celles (9) (10) et (11) du § (19), et il y a lieu de leur appliquer les remarques du § (20).

Il en résulte que le mode de réunion du mortier avec l'affût est sans influence sur la vitesse V du recul, sur la vitesse angulaire ω, et sur la percussion Q sur l'arête postérieure de l'affût en contact avec le sol. Les percussions sur l'axe des tourillons et sur le coussinet de pointage ne modifient en rien le mouvement du recul et le choc contre la plate-forme : ces mouvements et cette percussion sont absolument les mêmes (toutes choses égales d'ailleurs) que si le mortier et l'affût ne formaient qu'un seul et même corps solide. Ainsi tombe par l'analyse, cette opinion de quelques artilleurs, que la percussion sur l'axe des tourillons et sur le coussinet de pointage pouvait changer et ralentir le recul en occasionnant des percussions verticales plus violentes.

En effet, dans un système de corps en mouvement, les réactions réciproques de ces corps les uns sur les autres, ne peuvent changer en rien le mouvement du centre de gravité du système.

L'équation (12) montre que la percussion P sur le coussinet de pointage est proportionnelle à la masse C du mortier; cette percussion augmente avec la vitesse V du recul et avec celle ω de rotation. Remarquons qu'en vertu des équations (9) et (10) V et ω sont en raison inverse de la masse totale M du système.

On en conclut :

1° que la percussion P sur le coussinet de pointage est en raison inverse de la masse totale M du mortier et de l'affût réunis.

2° que la masse M ne variant pas , la percussion P est proportionnelle à la masse C du mortier.

Ainsi contrairement à ce qui a lieu pour les canons (comme nous le verrons plus tard) la percussion sur le coussinet de pointage , pour un poids donné du système , est d'autant plus forte que la masse du mortier est plus considérable.

En développant les binomes du numérateur de la formule (12) et faisant la réduction des termes , on trouve :

$$P = \frac{C\,V\,d + \omega\,C\left\{ K^2 + d\,(\,c + d\,) + d'\,(\,c' + d'\,) \right\}}{(\,e - c\,)\sin\theta + (\,e' - c'\,)\cos\theta} \qquad (15)$$

Nous remarquons que la valeur de P est d'autant moins considérable que les ordonnées d et d' du centre de gravité du mortier relativement à l'axe des tourillons sont plus faibles et si le centre de gravité coïncide avec cet axe, la valeur de P est simplement à cause de $d = 0$ $d' = 0$

$$P = \frac{\omega\,C\,K^2}{(\,e - c\,)\sin\theta + (\,e' - c'\,)\cos\theta} \qquad (16)$$

Ainsi plus le centre de gravité du mortier est rapproché de l'axe des tourillons , plus la percussion sur le coussinet de pointage est faible. Nous avons obtenu le même résultat à l'article III relatif au cas où le mortier conserve ses appuis sur le sol ; ainsi qu'on peut le voir dans l'équation 10 du § 24 , en y faisant $d = 0$, et comme le confirment nos observations du § 25.

Dans le dénominateur de la formule 12 les facteurs $e - c$, et $e' - c'$ sont les coordonnées du centre du coussinet de pointage relativement à l'axe des tourillons : il en résulte que plus le centre du coussinet de pointage est éloigné de l'axe des tourillons , plus le dénominateur de la formule (12) augmente et plus la percussion P diminue.

Ainsi pour atténuer les percussions sur la vis ou le coussinet de pointage il faut augmenter la distance entre l'axe des tourillons et le coussinet ou la vis de pointage

Il résulte aussi de l'examen de la formule (12) que plus $C K^2$ augmente, plus la percussion P devient forte. En d'autres termes: la percussion sur le coussinet de pointage croît lorsque le moment d'inertie du mortier relativement à une droite passant par le centre de gravité et parallèle à l'axe des tourillons devient plus considérable, ce qui est encore une propriété contraire à celle que nous remarquerons dans les canons.

En comparant la formule (12) § 28 à celle (10) § 24, nous voyons que la valeur de P est plus grande dans la première de ces formules. On en conclut que, toutes choses égales d'ailleurs, la percussion sur le coussinet de pointage est plus considérable quand l'affût est soulevé que lorsqu'il conserve ses appuis sur le sol.

Examinons la formule (13)

$$T = \mu \sin \theta - P \cos \theta + \omega\, C\, (c' + d')$$

Nous remarquons que T augmente

1° avec la composante verticale $\mu \sin \theta$ de la quantité de mouvement due à la réaction de la charge.

2° avec la composante verticale $\omega\, C\, (c' + d')$ de la quantité de mouvement de rotation du mortier autour de l'arête de contact de l'affût avec le sol.

Nous observons aussi que T diminue lorsque la composante verticale P cos θ de la percussion sur le coussinet de pointage augmente.

La composante verticale de la quantité de mouvement de rotation du mortier $\omega\, C\, (c' + d')$, augmente avec $c' + d'$, ou avec la distance entre le centre de gravité du mortier et la verticale passant par l'arête postérieure d'appui de l'affût. Il en résulte, que si l'on augmente la stabilité du système en éloignant le centre de gravité du mortier de l'arête postérieure d'appui de l'affût, par contre cette disposition rend plus violente la percussion verticale contre le coussinet de pointage.

Examinons la formule (14) du § 28.

$$T' = \mu \cos \theta + P \sin \theta - C V - \omega\, C\, (c + d)$$

9

Nous remarquons que la percussion horizontale T' contre l'axe des tourillons, augmente avec $\mu \cos \theta$ et $P \sin \theta$, c'est-à-dire, avec la composante horizontale de la quantité de mouvement produite par la réaction de la charge μ et la composante de même sens de la percussion P sur le coussinet de pointage.

Nous voyons aussi que T' diminue lorsque $C V$ et $\omega C (c + d)$ augmentent; c'est-à-dire lorsque la masse C du mortier devient plus forte, quand la vitesse V du recul est plus rapide et que la composante horizontale de la quantité de mouvement de rotation du mortier $\omega C (c + d)$ est plus considérable.

---

§ 50. RÉSUMÉ.

En comparant les formules obtenues dans les 4 articles dont nous nous sommes occupé, on remarque que les percussions aux points d'appui sur la plate-forme, la vitesse de recul parallèlement au sol, et la vitesse angulaire autour de l'arête d'appui sur la plate-forme, lorsqu'il y a soulèvement, sont exactement les mêmes pour les mortiers à plaque que pour ceux à tourillons sur affût traineau.

Les conditions de soulèvement ou de stabilité sur la plate-forme sont les mêmes pour les deux sortes de mortiers et se réduisent au signe de l'expression.

$$h (\cos \theta - f \sin \theta) - \gamma$$

Lorsque cette formule a une valeur positive le mortier conserve ses appuis sur la plate-forme; il est soulevé au contraire si cette valeur est négative.

Les formules relatives aux mortiers sur affût traineau comprennent donc implicitement celles concernant les mortiers à plaque, et ne s'en distinguent que par les expressions qui ont rapport aux chocs supportés par les tourillons et le coussinet ou la vis de pointage.

Le tableau suivant résume les formules relatives aux deux

circonstances qui caractérisent les problèmes que nous avons résolus, savoir, la stabilité du mortier qui conserve ses appuis sur le sol ou la vitesse angulaire qu'il acquiert autour de l'arête postérieure d'appui sur la plate-forme, par suite du soulèvement du système à la partie antérieure vers la volée. Ce tableau fait facilement saisir l'ensemble des résultats.

TABLEAU RÉSUMÉ DES FORMULES CONCERNANT

PLAQUE DU MORTIER ET AFFUT COMPRIMÉS SUR LE SOL.

Condition $\quad h(\cos\theta - f\sin\theta) - \gamma = $ ou > 0

$$\frac{V}{\mu} = \frac{(\cos\theta - f\sin\theta)}{M}$$

$$E = \frac{MVh - \mu\gamma}{r'}$$

$$\frac{E}{\mu} = \frac{h(\cos\theta - f\sin\theta) - \gamma}{r'}$$

$$Q = \mu\sin\theta - E$$

Condition pour que les percussions E et Q soient égales

Mortier à plaque	Mortier sur affût traineau.
$\frac{1}{2}r'\sin\theta = h(\cos\theta - f\sin\theta) - \gamma$	$\gamma = c\cos\theta - c'\sin\theta$
	$\frac{1}{2}r'\sin\theta = h(\cos\theta - f\sin\theta) -$ $\qquad - (c\cos\theta - c'\sin\theta)$

$$f(Q + E) = \mu\cos\theta - MV$$

$$P = \frac{CVd}{(e - c)\sin\theta + (e' - c')\cos\theta}$$

$$T = \mu\sin\theta - P\cos\theta$$

$$T' = \mu\cos\theta + P\sin\theta - CV$$

LES PERCUSSIONS ET VITESSES PRODUITES DANS LE TIR DES MORTIERS.

MORTIER ET AFFUT SOULEVÉS PAR LA PARTIE ANTÉRIEURE DU CÔTÉ DE LA VOLÉE.

Condition $\gamma - h \, (\cos\theta - f\sin\theta) > 0$

$$\frac{V}{\mu} = \frac{X\,(\cos\theta - f\sin\theta) - \gamma\,M\,(h + f\,h')}{M\left\{ X - M\,h\,(h + f\,h') \right\}}$$

$$\frac{\omega}{\mu} = \frac{\gamma - h\,(\cos\theta - f\sin\theta)}{X - M\,h\,(h + f\,h')}$$

$$\omega = \frac{\mu\,\gamma - M\,V\,h}{X}$$

$$\frac{Q}{\mu} = \sin\theta + \frac{h'\,M\left\{ \gamma - h\,(\cos\theta - f\sin\theta) \right\}}{X - M\,h\,(h + f\,h')}$$

$$Q = \mu\sin\theta + \omega\,M\,h'$$

$$P = \frac{C\,V\,d + \omega\,C\left\{ K^2 + d\,(c + d) + d'\,(c' + d') \right\}}{(e - c)\sin\theta + (e' - c')\cos}$$

$$T = \mu\sin\theta - P\cos\theta + \omega\,C\,(c' + d')$$

$$T' = \mu\cos\theta + P\sin\theta - C\,V - \omega\,C\,(c + d)$$

DEUXIÈME PARTIE.

CANONS DE SIÉGE

ET DE

CAMPAGNE.

ARTICLE I.

CANONS DE SIÉGE ET DE CAMPAGNE. — Percussions qui ont lieu lorsque l'affût conserve ses appuis sur le sol, et que le système prend un mouvement de recul parallèlement au terrain.

§ 51. DONNÉES SUR LES CANONS ET LES AFFUTS.

Le canon est relié avec l'affût au moyen des tourillons qui entrent dans des encastrements ménagés dans les flasques de l'affût et de l'appui que la culasse trouve sur la vis de pointage.

Les tourillons sont ainsi nommés parce qu'ils forment un axe autour duquel la pièce peut tourner et prendre diverses inclinaisons sans cesser d'être liée avec l'affût.

L'axe des tourillons est placé à une certaine distance au-dessous de l'axe de l'âme, distance que l'on appelle *abaissement des tourillons.*

Le centre de gravité de la pièce est sensiblement sur l'axe de l'âme ; parce que l'on peut considérer le canon comme un corps de révolution et négliger les petites excentricités occasionnées par la présence des tourillons , des anses et autres parties extérieures qui ont des masses minimes comparées à celle de la bouche-à-feu.

Lorsque l'âme du canon est horizontale , le centre de gravité de la bouche-à-feu est un peu en arrière de l'axe des tourillons vers la culasse : il en résulte que quand la pièce est suspendue par les tourillons , le poids de la culasse l'emporte sur celui de la volée , et c'est ce que l'on nomme *prépondérance* de la culasse.

La résultante de la force expansive des gazes développés dans le tir réagit sur le fond de l'âme suivant l'axe de la pièce. Cette résultante ne rencontrant pas l'axe des tourillons engendre un couple qui tend à faire tourner le canon autour de cet axe et fait appuyer la culasse contre la vis de pointage. L'action du canon sur l'affût consiste donc dans une percussion sur les tourillons et dans un choc contre la vis de pointage.

Ce choc est d'autant plus faible que l'abaissement des tourillons est moindre, il pourrait devenir négatif, et la pièce saignerait du nez, si l'axe des tourillons était au-dessus de celui de l'âme. Mais cette position vicieuse des tourillons n'est adoptée dans aucune artillerie : nous verrons les autres circonstances qui peuvent déterminer le soulèvement de la culasse.

Il est essentiel que la vis de pointage soit normale à la surface de contact avec la bouche-à-feu pour toutes les inclinaisons de l'âme , afin d'éviter que le choc de la culasse ne fasse glisser la tête de la vis sur le corps de la pièce , ce qui amènerait promptement la destruction de la vis et de son écrou.

On obtient une direction de la vis de pointage constamment normale à la surface de la pièce , en pratiquant sous la culasse un pan coupé , dont la génératrice est la développée d'un arc de cercle, qui a son centre sur l'axe des tourillons et pour rayon la distance de cet axe à la tête de la vis. Nous supposons donc que ce pan coupé existe aux canons. Il faut du reste remarquer, que pour les gros calibres, la surface de contact de la culasse, déterminée ainsi que nous venons de le dire, a une légère courbure et diffère peu de la plate-bande de culasse. D'ailleurs aux canons de campagne , on interpose entre la culasse et la vis de pointage , un coussinet de cuir qui prend l'empreinte de la culasse , en amortit les chocs , et empêche la vis de dévier.

Les affûts de campagne et de siége se composent généralement d'un essieu avec ses deux roues ; d'une flèche, appuyée d'une part sur l'essieu, et reposant d'autre part sur le sol par une partie recourbée et ferrée nommée la crosse ; enfin une troisième partie de l'affût est formée par deux flasques reliés à l'essieu et à la flèche.

Des encastrements sont ménagés dans les flasques pour y loger les tourillons de la bouche-à-feu.

Un écrou propre à recevoir la vis de pointage est fixé sur la flèche, à une position correspondante à celle de la culasse.

Lorsque le canon est monté sur l'affût on remarque généralement que :

1° L'axe des tourillons est en avant de celui de l'essieu.

2° Sous les angles de tir usuels pour les canons, le centre de gravité de la pièce est plus élevé que l'axe des tourillons.

3° La culasse est entre la crosse et l'axe des tourillons.

4° La volée est en avant de la tête de l'affût.

5° Le centre de gravité de l'affût est plus élevé que l'axe de l'essieu.

6° Le centre de gravité de l'affût est entre l'essieu et la vis de pointage.

7° L'axe de la vis de pointage est vertical aux pièces de campagne lorsque l'affût repose sur un plan horizontal.

8° Les pièces, qui doivent tirer sur un chassis ou plate-forme ayant une inclinaison α sur l'horizon, ont la vis de pointage verticale ; celle-ci fait donc un angle α avec la normale à la plate-forme.

---

§ 52. NOTATIONS.

Nous adoptons les notations suivantes :

μ quantité de mouvement de recul transmise à la bouche-à-feu par la réaction de la charge.

T somme des percussions verticales exercées par les tourillons sur leurs encastrements.

T′ somme des percussions horizontales exercées par les tourillons sur leurs encastrements.

P   percussion sur la tête de la vis de pointage dirigée suivant
    l'axe de la vis.

α angle que fait l'axe de la vis de pointage avec la normale
    au terrain.

Q   percussion verticale exercée au point de contact de la crosse
    avec le sol.

f coëfficient du frottement contre le sol.

f Q frottement de la crosse contre le sol.

E   somme des percussions verticales exercées par l'essieu contre
    les roues.

E'   somme des percussions horizontales exercées par l'essieu contre
    les roues.

R   somme des percussions verticales exercées par les roues à
    leur point de contact avec le sol.

f R frottement des roues contre le sol.

V   vitesse horizontale de recul imprimée à tout le système.

φ vitesse angulaire initiale des roues autour de l'essieu.

z vitesse initiale de glissement des roues sur le sol.

A   masse de l'affût.

B   masse des deux roues réunies

C   masse du canon.

$M = A + C$ masse du canon et de l'affût réunis.

$B\, l^2$ moment d'inertie des deux roues réunies relativement à l'axe
    de l'essieu.

c hauteur de l'axe des tourillons au-dessus du sol.

c' distance du plan vertical passant par l'axe des tourillons au
    point d'appui de la crosse sur le sol.

e hauteur de la tête de la vis de pointage au-dessus du sol.

e' distance de la verticale passant par la tête de la vis de pointage
    au point d'appui de la crosse sur le sol.

r rayon des roues : hauteur de l'axe de l'essieu au-dessus
    du sol.

r' distance entre le point d'appui de la crosse et la ligne droite
    passant par les points d'appui des roues.

    La verticale passant par le point de contact de la roue
    avec le sol rencontre l'axe de l'essieu.

d distance du centre de gravité du canon au plan horizontal
    passant par l'axe des tourillons.

d' distance du centre de gravité du canon au plan vertical
    passant par l'axe des tourillons.

10

y hauteur du centre de gravité de l'affût au-dessus du sol.

y' distance de la verticale passant par le centre de gravité de l'affût au point d'appui de la crosse sur le sol.

a abaissement de l'axe des tourillons relativement à l'axe de l'âme.

a' distance du centre de gravité du canon, lorsque l'âme est horizontale au plan vertical passant par l'axe des tourillons.

$\sqrt{a^2 + a'^2} = \sqrt{a^2 + d'^2}$ distance du centre de gravité du canon à l'axe des tourillons.

$c + d$ hauteur du centre de gravité du canon au-dessus du sol.

$c' - d'$ distance de la verticale passant par le centre de gravité du canon au point d'appui de la crosse sur le sol.

$\sqrt{(c + d)^2 + (c' - d')^2}$ distance du centre de gravité du canon au point d'appui de la crosse sur le sol.

h hauteur au-dessus du sol du centre de gravité des masses réunies du canon et de l'affût.

h' distance du point d'appui de la crosse sur le sol à la verticale passant par le centre de gravité des masses réunies du canon et de l'affût.

y hauteur au-dessus du sol du centre de gravité des masses réunies du canon, de l'affût et des roues.

y' distance au point d'appui de la crosse de la verticale passant par le centre de gravité des masses réunies du canon, de l'affût et des roues.

$S = A + B + C$ masses réunies du canon, de l'affût et des roues.

$$h = \frac{C(c + d) + A g}{A + C} = \frac{C(c + d) + A g}{M}$$

$$h' = \frac{c(c' - d') + A g'}{A + C} = \frac{C(c' - d') + A g'}{M}$$

$$y = \frac{C(c + d) + A g + B r}{A + B + C} = \frac{C(c + d) + A g + B r}{S}$$

$$y' = \frac{C(c' - d') + A g' + B r'}{A + B + C} = \frac{C(c' - d') + A g' + B r'}{S}$$

θ angle d'élévation de la bouche-à-feu, ou angle que l'axe de l'âme fait au-dessus de l'horizon.

γ longueur de la perpendiculaire menée du point d'appui de la crosse contre le sol sur l'axe de l'âme prolongé.

$c - c$ distance de la tête de la vis de pointage au plan horizontal passant par l'axe des tourillons.

$c' - c'$ distance de la tête de la vis de pointage au plan vertical passant par l'axe des tourillons.

$$d = a \cos \theta - a' \sin \theta$$
$$d' = a \sin \theta + a' \cos \theta$$
$$\gamma = a + c \cos \theta - c' \sin \theta$$

---

§ 33. PERCUSSIONS QUI ONT LIEU.

La réaction de la charge contre le fond de l'âme, produit un couple qui agit avec un bras de levier égal à l'abaissement des tourillons, pour presser la culasse contre la vis de pointage. Il en résulte que la culasse reste en contact avec la vis de pointage par le choc qui détermine le recul, que la pièce conserve sa position relative avec l'affût, et que le système du canon et de l'affût se comporte comme s'ils ne formaient qu'un seul et même corps solide.

Lors du recul, la crosse reste en contact avec le terrain : le canon et l'affût se meuvent parallèlement au sol.

La crosse comprime le sol et produit un frottement de glissement proportionnel à cette force de compression.

Le choc de l'essieu entraîne les roues sans cependant les détacher de terre : sous cette impulsion elles sont animées d'un double mouvement, l'un de rotation autour de leurs centres, et l'autre de glissement sur le sol : car la force d'inertie des roues s'oppose à ce qu'elles prennent dès le principe, la vitesse de rotation qui répond à celle de translation de tout le système. Il en résulte que la vitesse à la circonférence des roues est moins grande dans les premiers instants de recul que celle de translation de l'essieu.

D'ailleurs la vitesse à la circonférence des roues augmentée de celle de glissement sur le sol est égale à la vitesse de recul.

Le choc de la culasse contre la tête de la vis de pointage

a lieu suivant l'axe de cette vis. En effet, si cela n'était pas, on pourrait remplacer ce choc par deux composantes, l'une rencontrant l'axe des tourillons et l'autre dirigée suivant l'axe de la vis de pointage. La première de ces composantes serait détruite par la résistance que les tourillons éprouvent dans leurs encastrements et il ne resterait que la seconde dirigée, comme nous venons de le dire, suivant l'axe de la vis de pointage.

§ 34. MISE EN ÉQUATION DES PERCUSSIONS ÉPROUVÉES PAR LE SYSTÈME DU CANON ET DE L'AFFUT RÉUNIS.

La culasse ne se sépare pas de la vis de pointage ; on peut donc considérer la pièce et l'affût comme ne faisant qu'un seul corps solide. En introduisant dans les calculs des forces égales aux résistances du sol sous la crosse et aux réactions des roues sous l'essieu, nous pouvons faire abstraction de ces résistances et de ces réactions et supposer le canon et l'affût réunis, comme un corps libre soumis à ces forces et à l'impulsion μ, et établir les conditions de l'équilibre qui doit exister entr'elles et les quantités de mouvement réellement imprimées à ce système.

Les composantes verticales des forces sont :

$\mu \sin \theta$ composante verticale de la force μ.

— Q   résistance normale du sol sous la crosse.

— E   réaction verticale des roues sur l'essieu.

Les composantes horizontales des forces sont :

$\mu \cos$ composante horizontale de la force μ.

— f Q   résistance provenant du frottement de la crosse sur le sol.

— E'   composante horizontale de la réaction des roues sur l'essieu.

Les quantités de mouvement imprimées au système se réduisent à celle provenant de la vitesse de recul V, ce qui produit la force

$$M V = (A + C) V$$

appliquée au centre de gravité du canon et de l'affût réunis.

Les deux premières équations de l'équilibre sont :

$$\mu \sin \theta - Q - E = 0 \qquad (1)$$

$$\mu \cos \theta - f Q - E' = M V \qquad (2)$$

Comme 3me équation d'équilibre nous prendrons les moments des forces relativement au point d'appui de la crosse sur le sol, ce qui fait disparaître les forces Q et $f Q$ dont les moments sont nuls. Il en résulte la relation :

$$\mu \gamma + E r' - E' r = M V h \qquad (3)$$

Si nous substituons à M et h leurs valeurs § 32, il vient :

$$\mu \gamma + E r' - E' r = V \left\{ C (c + d) + A g \right\} \qquad (4)$$

---

§ 35. MISE EN ÉQUATION DES PERCUSSIONS EXERCÉES SUR LES ROUES.

L'essieu imprime aux roues le choc vertical E et celui horizontal E'.

La résistance du sol aux points d'appui des roues, engendre la résistance verticale $- R$ et le frottement horizontal $- f R$ lequel agit tangentiellement aux cercles des roues.

Le choc horizontal de l'essieu, combiné avec la résistance due au frottement et avec la force d'inertie des roues, fait rouler celles-ci sur le terrain et les fait glisser tout en même temps, et, dans les premiers instants du recul, la vitesse de translation des roues est plus grande que celle de rotation à leur circonférence.

La quantité de mouvement imprimée aux roues consiste donc dans la quantité de mouvement $B z$ due à la vitesse de glissement z, et en une quantité de mouvement de rotation que nous allons déterminer et qui est due à la vitesse angulaire φ.

La vitesse angulaire des roues, résulte du contact successif de toutes les parties de leurs circonférences avec le sol. Il s'en suit que les roues ont un mouvement de rotation instantanée autour de chacun de ces points de contact. Nous allons faire voir que la vitesse angulaire autour de chacun de ces points est la même que celle de la roue autour de l'essieu.

Dans les deux cas la vitesse de translation de l'essieu doit être la même ; soient donc :

δ la vitesse de translation de l'essieu.

φ la vitesse angulaire au centre des roues.

φ' la vitesse angulaire instantanée autour du point de contact avec le sol.

r le rayon de la roue.

Dans l'hypothèse que la roue tourne autour de son axe ; la vitesse de translation de l'essieu est égale à celle de rotation à la circonférence et l'on a l'égalité :

$$\varphi\, r = \delta.$$

Dans la supposition que la roue tourne autour de son point de contact avec le sol, ce point est le centre d'un arc de cercle infiniment petit décrit par l'axe de l'essieu avec la vitesse $\varphi' r$, laquelle est aussi égale à δ. Il en résulte l'égalité :

$$\varphi'\, r = \delta$$

d'où
$$\varphi = \varphi'$$

Ainsi la vitesse de rotation de la roue autour de l'essieu est la même que celle qui a lieu réellement autour des points de contact successifs de la roue avec le sol.

Remplaçons le choc de l'essieu par ses composantes : $+\,E$ et $+\,E'$, et la résistance du sol par les composantes $-\,R$ et $-\,fR$; nous pouvons faire abstraction de l'essieu et du sol, et considérer les deux roues comme formant un corps solide entièrement libre soumis aux forces qui représentent ces composantes, et établir les conditions de l'équilibre, qui doit exister entr'elles et les quantités de mouvement réellement imprimées. Celles-ci sont :

$B\,z$ quantité de mouvement horizontale due à la vitesse de glissement z des roues, force appliquée à leur centre de gravité et à leur centre de figure.

$\varphi\,B\,r$ quantité de mouvement de rotation des roues autour de la ligne de contact avec le sol. Cette quantité de mouvement est horizontale, parce que le centre de gravité de la roue, est sur l'ordonnée verticale du point de contact avec le sol, point qui sert d'axe instantané de rotation. (L'abscisse x, étant nulle, la composante verticale Y l'est aussi , équation XI 7 et il reste pour toute force la composante horizontale $X = \varphi \, B \, r$).

Les deux premières équations de l'équilibre entre les forces et les quantités de mouvement sont :

$$E - R = 0 \qquad\qquad (5)$$
$$E' - f R = B z + \varphi \, B \, r \qquad (6)$$

Pour troisième équation nous formerons celle des moments relativement à la ligne de contact des roues avec le sol , ce qui fait disparaître les forces E , R et f R dont les moments sont nuls.

Le moment de la force E' est $E' r$.

Le moment de la quantité de mouvement de glissement des roues est $B \, r \, z$.

Le moment de la quantité de mouvement de rotation autour de la ligne de contact avec le sol est $\varphi \, B \, (l^2 + r^2)$, (§ 7 équation VIII).

On a pour l'équation des moments :

$$E' \, r = \varphi \, B \, (l^2 + r^2) + B \, r \, z \qquad (7)$$

D'ailleurs la vitesse de translation de l'essieu est égale à la vitesse de glissement augmentée de celle de rotation à la circonférence , d'où :

$$V = \varphi \, r + z \qquad\qquad (8)$$

---

§ 36. MISE EN ÉQUATION DES PERCUSSIONS EXERCÉES PAR LE CANON SUR LES ENCASTREMENTS DES TOURILLONS ET SUR LA VIS DE POINTAGE.

Représentons par des forces les résistances que la vis de pointage et les encastrements des tourillons opposent au mouvement du canon , nous pouvons faire abstraction de ces résistances , et introduire ces forces dans les calculs et considérer la bouche-à-feu comme un corps libre soumis à leur action et à l'impulsion μ, et établir les conditions de l'équilibre qui doit exister entr'elles et les quantités de mouvement réellement imprimées.

Les composantes des forces sont :

composantes verticales

$\mu \sin \theta$

$- T$

$- P \cos \alpha$

composantes horizontales.

$\mu \cos \theta$

$- T'$

$P \sin \alpha$

La vitesse horizontale V imprimée au canon produit la force CV appliquée en son centre de gravité.

Les deux premières équations de l'équilibre sont :

$$\mu \sin \theta - T - P \cos \alpha = 0 \qquad (9)$$
$$\mu \cos \theta - T' + P \sin \alpha = C \, V \qquad (10)$$

Pour troisième équation formons celle des moments que nous prendrons relativement à l'axe des tourillons, ce qui fera disparaître les forces T et T' dont les moments sont nuls.

Ces moments sont :

$\mu \, a$: moment de la force μ agissant sur un bras de levier
       égal à a.

$- P \cos \alpha \, (c' - e')$ moment de la composante verticale $- P \cos \alpha$
       agissant sur le bras de levier $c' - e'$.

$- P \sin \alpha \, (c - e)$ moment de la composante horizontale $P \sin \alpha$,
       agissant sur le bras de levier $c - e$, en sens contraire du
       moment $\mu \, a$.

$C \, V \, d$ moment de la force $C \, V$.

L'équation des moments est

$$\mu \, a - P \cos \alpha \, (c' - e') - P \sin \alpha \, (c - e) = C \, V \, d \qquad (11).$$

§ 37. RÉSOLUTION DES ÉQUATIONS PRÉCÉDENTES.

En résolvant les équations précédentes nous poserons pour abréger.

$$S = A + B + C$$
$$y = \frac{C (c + d) + A g + B r}{S}$$

Il vient :

$$\frac{V}{\mu} = \frac{\cos \theta - f \sin \theta}{S} \qquad (12)$$

$$R = E = \frac{y\,V\,S - \mu\,\gamma}{r' - f\,r} \qquad (13)$$

$$E' = B\,V + f\,E \qquad (14)$$

$$Q = \mu \sin \theta - E \qquad (15)$$

$$\varphi = \frac{f\,r\,E}{B\,l^2} \qquad (16)$$

$$z = V - \varphi\,r \qquad (17)$$

$$P = \frac{\mu\,a - C\,V\,d}{(c-c)\sin \alpha + (c'-c')\cos \alpha} \qquad (18)$$

$$T = \mu \sin \theta - P \cos \alpha \qquad (19)$$

$$T' = \mu \cos \theta + P \sin \alpha - C\,V \qquad (20)$$

Ces équations sont en nombre égal à celui des inconnues et en donnent les valeurs. L'équation (12) donnera la valeur de V en fonction des données du canon et de l'angle θ du tir et de l'impulsion μ due à l'explosion de la charge. Les autres quantités seront successivement connues en suivant le même ordre que ci-dessus.

§ 38. Répertoire de formules.

Indépendamment des formules que nous venons de donner au § précédent, nous en exposerons d'autres qui peuvent servir soit à trouver directement la valeur de certaines inconnues, soit à faciliter l'analyse du problème, et à reconnaitre l'influence que les diverses parties du canon et de l'affût peuvent avoir sur l'intensité des chocs.

Les formules que nous allons écrire formeront donc un répertoire que l'on pourra consulter, en cas de besoin, sans être obligé de recommencer les procédés, parfois si lents, de l'élimination.

11

$$\frac{E}{\mu} = \frac{y(\cos\theta - f\sin\theta) - \gamma}{r' - fr} \qquad (21)$$

$$\frac{E'}{\mu} = \frac{B(\cos\theta - f\sin\theta)}{S} + \frac{f\{y(\cos\theta - f\sin\theta) - \gamma\}}{r' - fr} \qquad (22)$$

$$\frac{Q}{\mu} = \sin\theta - \frac{y(\cos\theta - f\sin\theta) - \gamma}{r' - fr} \qquad (23)$$

$$\frac{\varphi}{\mu} = \frac{fr\{y(\cos\theta - f\sin\theta) - \gamma\}}{Bl^2(r' - fr)} \qquad (24)$$

$$\frac{z}{\mu} = \frac{(\cos\theta - f\sin\theta)}{S} - \frac{fr^2\{y(\cos\theta - f\sin\theta) - \gamma\}}{Bl^2(r' - fr)} \qquad (25)$$

$$\frac{P}{\mu} = \frac{aS - Cd(\cos\theta - f\sin\theta)}{S\{(c - e)\sin\alpha + (c' - e')\cos\alpha\}} \qquad (26)$$

$$\frac{T}{\mu} = \sin\theta - \frac{\{aS - Cd(\cos\theta - f\sin\theta)\}\cos\alpha}{S\{(c - e)\sin\alpha + (c' - e')\cos\alpha\}} \qquad (27)$$

$$\frac{T'}{\mu} = \cos\theta - \frac{C(\cos\theta - f\sin\theta)}{S} + \frac{\{aS - Cd(\cos\theta - f\sin\theta)\}\sin\alpha}{S\{(c - e)\sin\alpha + (c' - e')\cos\alpha\}} \qquad (28)$$

$$Q = \mu\sin\theta - \frac{(yVS - \mu\gamma)}{r' - fr} \qquad (29)$$

$$\varphi = \frac{fr\{yVS - \mu\gamma\}}{Bl^2(r' - fr)} \qquad (30)$$

$$z = V - \frac{fr(yVS - \mu\gamma)}{Bl^2(r' - fr)} \qquad (31)$$

---

§. 39 OBSERVATIONS SUR LA VITESSE V DU RECUL.

L'équation (12)

$$\frac{V}{\mu} = \frac{\cos\theta - f\sin\theta}{S}$$

est de même forme que les équations 7 du § 24 et (6) du § 16, relatives la première aux mortiers sur affût traineau et la seconde aux mortiers à plaque.

Il en résulte que quels que soient le système de la bouche-à-feu et la forme de l'affût, qu'il s'agisse de mortiers à plaque ou à tourillons, ou de canons, que les affûts soient avec ou sans roues, la vitesse V du recul, pour le cas où l'affût conserve ses appuis sur le sol, est toujours égale au quotient de l'expression $\cos \theta - f \sin \theta$ divisée par la masse entière du système à mouvoir.

Nous ne pouvons que rappeler les conséquences relatives à V que nous avons fait ressortir aux § (17) et (25).

La vitesse V est en raison inverse de la masse totale S du système: sa valeur est entièrement indépendante de la position des axes des tourillons et de la vis de pointage, et des données concernant les roues.

La vitesse V augmente à mesure que θ et f deviennent plus petits.

---

§ 40. OBSERVATIONS SUR LES PERCUSSIONS E ET R EXERCÉES SUR L'ESSIEU ET AUX POINTS D'APPUI DES ROUES.

Examinons les équations (13) et (21) des §§ 37 et 38.

$$\frac{E}{\mu} = \frac{R}{\mu} = \frac{y (\cos \theta - f \sin \theta) - \gamma}{r' - f r}$$

La première égalité montre que la percussion verticale E sur l'essieu se transmet intégralement aux points d'appui des roues sur le sol, en sorte que $E = R$.

Ces formules sont obtenues dans l'hypothèse que l'affût conserve ses appuis; la valeur de E doit donc être positive, et il faut pour cela que les deux termes de la fraction qui en exprime la valeur soient de mêmes signes.

Dans la pratique, le dénominateur $r' - fr$ est toujours positif, parce que la distance r', entre la crosse et la ligne de terre des roues, est toujours plus grande que le rayon des roues, et *à fortiori* que fr. Le numérateur devant aussi être positif, on doit avoir

$$y (\cos \theta - f \sin \theta) - \gamma = \quad \text{ou} \quad > 0$$

Cette inégalité exprime donc la condition à laquelle le système doit satisfaire pour que l'affût ne soit pas soulevé.

Dans le tir horizontal, pour lequel $\theta = 0$, l'affût est toujours soulevé. En effet, pour cette valeur, γ est la distance de l'axe de l'âme au-dessus du sol, distance qui est plus grande que la hauteur y du centre de gravité du système entier au-dessus du terrain. L'affût ne peut donc conserver ses appuis dans le tir, que pour autant que l'angle θ d'élévation de l'âme a une certaine valeur positive, dont la limite minimum se déduit de la relation

$$y \, (\cos \theta - f \sin \theta) - \gamma = 0$$

dans laquelle il faut substituer à γ sa valeur équation XVIII § 10. Cette équation, résolue ensuite par rapport à θ, donnera l'angle minimum du tir, pour lequel la percussion E est nulle sans que pour cela l'affût puisse être soulevé.

On trouverait l'angle θ qui répond à la valeur maximum de E, en traitant l'équation (21) par la méthode des coefficients différentiels, après y avoir substitué à γ sa valeur en fonction de θ (équation XVIII § 10). Nous ne ferons qu'indiquer cette solution.

L'affût a le plus à souffrir lorsqu'il est soulevé, parce que le système en retombant sur le sol acquiert une force vive qui doit être détruite par la résistance des appuis ; il en résulte que le tir horizontal et celui au-dessous de l'horizon fatiguent beaucoup l'affût, principalement l'essieu et les roues.

L'équation (21) fait voir que plus le centre de gravité du système entier est élevé, ou plus l'ordonnée verticale y est grande, plus faible est la percussion E sur l'essieu. Elle montre aussi que E diminue quand f augmente.

Si le frottement, ou la résistance au glissement sur le sol était assez considérable pour arrêter le recul, on aurait :

$$\frac{V}{\mu} = \frac{\cos \theta - f \sin \theta}{S} = 0$$

En introduisant dans l'équation (21) la relation

$$\cos \theta - f \sin \theta = 0$$

il en résulterait pour E une valeur négative et l'affût serait soulevé. Ainsi lorsque, par suite de la résistance du sol, la vitesse de recul est annulée, l'affût est nécessairement soulevé, ce qui est une circonstance fâcheuse.

Cette conclusion se présente dans la supposition que γ conserve son signe dans l'équation (21), c'est-à-dire que l'axe de l'âme prolongé passe au-dessus du point d'appui de la crosse sur le sol. S'il en était autrement, c'est-à-dire si l'axe de l'âme prolongé rencontrait le sol entre la crosse et la ligne de terre des roues, γ changerait de signe et la percussion E deviendrait

$$\frac{E}{\mu} = \frac{y\,(\cos\theta - f\sin\theta) + \gamma}{r' - fr}$$

Cette expression restant positive dans l'hypothèse $V = 0$, ou $\cos\theta - f\sin\theta = 0$, il s'ensuit que l'affût conserverait ses appuis, même si le recul était subitement arrêté.

Le dénominateur $r' - fr$ de l'équation (21) augmente avec r' et diminue avec r : on en conclut que la percussion verticale E sur l'essieu diminue

1° Lorsque la distance r' entre la crosse et la ligne de terre des roues augmente ;

2° Lorsque le rayon r des roues diminue.

Les affûts marins ont des roues fort basses, qui sont remplacées pour ceux de côte de Gribauval par des rouleaux dont les rayons sont encore plus petits : il en résulte que ce matériel est dans des circonstances favorables, pour atténuer l'effort vertical contre celui des deux essieux qui est placé vers la tête de l'affût.

Si nous comparons l'équation (8) du § 24 relative aux mortiers sur affûts traineaux, à l'équation (21) du § 38 concernant les canons, nous voyons que dans la première le dénominateur est r', tandis qu'il est $r' - fr$ dans la seconde : il en résulte que, toutes choses égales d'ailleurs, la percussion verticale sur l'appui antérieur de l'affût, vers la volée de la bouche-à-feu, est plus faible avec les affûts traineaux qu'avec ceux à roues. Ces deux équations ne diffèrent que par leurs dénominateurs et ont pour le reste absolument la même forme.

L'ordonnée verticale y, du centre de gravité du système entier, varie très-peu lorsque l'angle θ du tir augmente, tandis que la perpendiculaire γ, menée de la crosse sur l'axe de l'âme ou son prolongement, diminue beaucoup. En appliquant ces considérations à l'équation (21), on remarque que la percussion verticale E contre l'essieu augmente, à mesure que l'angle θ devient plus considérable.

Si l'axe de l'âme prolongé venait à passer par le point d'appui de la crosse γ serait nul. L'angle θ augmentant toujours, le prolongement de l'axe de l'âme passerait au-dessous de la crosse, γ serait négatif et la percussion E continuerait à croître.

On conclut de ceci, que l'effort vertical sur l'essieu est d'autant plus violent que l'angle du tir est plus élevé.

Lorsque la plate-forme se relève en arrière, ou quand l'affût repose sur un terrain en pente vers la volée, l'angle θ, formé par l'axe de l'âme avec la plate-forme ou le terrain, est égal à l'angle d'élévation de l'âme au-dessus de l'horizon augmenté de l'angle d'inclinaison de la plate-forme ou du sol.

Il en résulte que, toutes choses égales d'ailleurs, la percussion verticale sur l'essieu est plus violente lorsque le tir a lieu sur une plate-forme ou un sol qui se relèvent en arrière, que lorsqu'il a lieu sur un terrain horizontal.

---

§ 41. OBSERVATIONS SUR LA SOMME DES PERCUSSIONS VERTICALES $E + Q$, EXERCÉES SUR LES APPUIS DE L'AFFUT.

L'équation (1) peut se mettre sous la forme

$$E + Q = \mu . \sin \theta$$

Elle fait voir que la somme des percussions verticales, supportées par l'essieu et par la crosse, est égale à la composante normale au sol $\mu \sin \theta$ de la quantité de mouvement communiquée à la bouche-à-feu par la réaction de la charge.

Cette somme $E + Q$ augmente à mesure que l'on pointe sous un angle θ plus considérable : elle est un maximum lorsque $\theta = 90°$; dans ce cas $E + Q = \mu$.

Cette formule signifie que dans le tir vertical la totalité de la quantité de mouvement imprimée à la pièce est détruite par la résistance de l'essieu et de la crosse. Dans cette circonstance il y a lieu de craindre la destruction de l'affût.

Nous avons vu que, lorsque la pièce est en batterie sur un plan incliné, l'angle θ est égal à l'inclinaison de ce plan ajoutée à l'angle d'élévation de l'âme au-dessus de l'horizon : il en résulte que l'essieu et la crosse fatiguent davantage dans le tir sur une plate-forme ou un châssis inclinés et relevés en arrière.

Cependant l'inclinaison des plates-formes et châssis, excède rarement 2° à 5° : elle n'exerce donc qu'une faible influence sur la composante $\mu \sin \theta$: mais il n'en serait plus de même si par suite du système adopté, ou des circonstances, cette inclinaison s'élevait jusqu'à 8° et 10° et au-delà.

L'expression $\mu \sin \theta$, valeur de la somme $E + Q$, ne contient que les quantités μ et θ: elle est indépendante du tracé de l'affût, pourvu toutefois que l'inégalité

$$y (\cos \theta - f \sin \theta) - \gamma > 0$$

soit satisfaite. Il en résulte que la somme $E + Q$ est la même quelle que soit la construction de l'affût.

La seule chose dont le constructeur dispose est la répartition de la composante $\mu \sin \theta$ entre les percussions E et Q; mais il ne peut diminuer l'une d'elles sans augmenter l'autre de la même quantité.

---

§ 42. OBSERVATIONS SUR LA PERCUSSION HORIZONTALE E' EXERCÉE SUR L'ESSIEU.

L'équation (14)

$$E' = BV + fE$$

fait voir que la percussion horizontale E', contre l'essieu, est égale à la quantité de mouvement de translation horizontale BV, des roues, augmentée du frottement $fE = fR$, des bandes des roues contre le sol.

La masse B des roues ayant une grande influence sur la valeur de E', on en conclut que des roues pesantes fatiguent beaucoup l'essieu dans le sens horizontal.

Le choc E' augmente en même temps que V : ainsi lorsque la vitesse du recul est grande, la percussion horizontale contre l'essieu est plus forte.

L'équation (22)

$$\frac{E'}{\mu} = \frac{B(\cos \theta - f \sin \theta)}{S} + \frac{f \{y(\cos \theta - f \sin \theta) - \gamma\}}{r' - fr}$$

montre que E' augmente à mesure que θ diminue.

Dans le tir ordinaire des canons, l'angle θ ne s'élève qu'à quelques degrés, $\cos \theta$ est bien près de l'unité et $\sin \theta$ est sensiblement nul ; de plus la perpendiculaire γ élevée du point d'appui de la crosse sur l'axe de l'âme prolongé ne diffère pas beaucoup de l'ordonnée verticale y du centre de gravité du système entier. Dans ces conditions la valeur de E, équation 21, est sensiblement nulle, tandis que la valeur E', équation 22, lui est de beaucoup supérieure. On en conclut, que dans le tir ordinaire des canons, la percussion verticale sur l'essieu est très-faible, tandis que la percussion horizontale est très-violente et qu'elle est sensiblement égale à $\dfrac{\mathrm{B}\mu}{\mathrm{S}}$.

Il importe donc que la section droite du corps d'essieu présente une largeur suffisante pour résister au choc horizontal E'.

Dans l'équation (22)

$$\frac{\mathrm{E}'}{\mu} = \frac{\mathrm{B}(\cos\theta - f\sin\theta)}{\mathrm{S}} + \frac{f\left\{y(\cos\theta - f\sin\theta) - \gamma\right\}}{r' - f\,r}$$

plusieurs termes sont affectés du coëfficient f à la première puissance, un seul terme négatif du numérateur contient f à la seconde puissance : il en résulte que, E' décroit quand f augmente, ou que la percussion horizontale sur l'essieu est d'autant plus faible que la résistance du frottement sur le sol est plus considérable.

---

§ 43. OBSERVATIONS SUR LA VITESSE ANGULAIRE φ DES ROUES.

Considérons l'équation (16)

$$\varphi = \frac{f\,r\,\mathrm{E}}{\mathrm{B}\,l^2}$$

Nous voyons que φ est proportionnel à f, r et E, et en raison inverse du moment d'inertie $\mathrm{B}l^2$ de la roue relativement à son axe. En d'autres termes, la vitesse angulaire initiale des roues est en raison directe du coëfficient f du frottement, du rayon r des roues, et de la percussion verticale E sur l'essieu : elle est inversement proportionnelle au moment d'inertie $\mathrm{B}l^2$.

Si l'une de ces trois quantités, le coëfficient f du frottement, le rayon r des roues ou la percussion verticale E, était nulle, la vitesse φ le serait aussi.

Lorsqu'on tire sur la glace ou sur des surfaces bien polies et bien graissées, le frottement est sensiblement nul, la vitesse angulaire φ l'est également, et les roues sont entraînées dans le recul avec l'affût tout en restant sensiblement parallèles à elles-mêmes.

Plus la masse B des roues augmente, plus φ diminue. Les roues très-massives ne prennent pas aussi vite que celles légères, une vitesse de rotation à la circonférence égale à celle de translation de l'essieu.

A masse égale le moment d'inertie des roues $\mathrm{B}l^2$ est d'autant plus considérable, que la masse des roues est plus reportée vers la circonférence, que les bandes en fer sont plus épaisses et le moyeu moins gros et moins pesant : d'ailleurs plus le moment d'inertie Bl^2 est grand plus faible est la vitesse angulaire initiale φ des roues.

Aux affûts de place-côte, la partie antérieure de l'affût vers la volée, repose sur les moyeux prolongés des roues. Le rayon r des roues est très-petit pour cette espèce d'affût parce qu'il est celui du moyeu, tandis que le moment d'inertie Bl^2 s'applique aux roues entières, et est relativement très-grand : il s'ensuit que lorsque le mouvement du recul commence, les roues restent sensiblement parallèles à elles-mêmes. Ce mode de faire rouler l'affût sur le chassis occasionne donc un frottement de glissement qui fait érailler la semelle en bois du chassis, et il serait utile de préserver cette semelle par des bandes en fer.

------

§ 44. OBSERVATIONS SUR LA VITESSE DE GLISSEMENT z DES ROUES.

L'équation (17)

$$z = V - \varphi\, r$$

montre que z décroît lorsque φ et r augmentent.

Les roues d'un grand rayon prennent plus vite la vitesse de rotation correspondante à celle de translation de l'essieu, ce qui diminue la vitesse de glissement produite dans les premiers instants du recul. D'ailleurs z augmente avec V : dans un système léger, où le canon, l'affût et les roues ont ensemble peu de masse, la vitesse V est plus grande, ainsi que z.

------

§ 45. OBSERVATIONS SUR LA PERCUSSION P EXERCÉE SUR LA VIS DE POINTAGE.

La percussion suivant l'axe de la vis de pointage est exprimée par l'équation (18)

$$P = \frac{\mu\, a - C\, V\, d}{(c - e)\sin \alpha + (c' - e')\cos \alpha}$$

12

La percussion P augmente avec la réaction μ de la charge et l'abaissement a de l'axe des tourillons au-dessous de celui de l'âme.

Cette percussion diminue lorsque le produit C V d augmente ; c'est-à-dire quand la masse C du canon est plus considérable, lorsque la vitesse V du recul est plus rapide, si la différence de niveau d entre le centre de gravité du canon et l'axe des tourillons est plus grande.

On atténue la percussion sur la vis de pointage au moyen d'un système léger d'affût, qui favorise la vitesse du recul, et en augmentant autant que possible la masse de la bouche-à-feu.

Ainsi que nous l'avons annoncé, ce résultat est opposé à ce qui a lieu pour les mortiers, dont les chocs sont d'autant plus violents contre le coussinet de pointage que la bouche-à-feu a plus de masse. Ceci provient de ce que le mortier a son appui sur le coussinet de pointage en avant des tourillons, vers la volée, tandis que le canon porte par la culasse sur la vis de pointage en arrière des tourillons. En d'autres termes le centre de gravité du mortier est en avant des tourillons vers la volée, tandis qu'aux canons, le centre de gravité est en arrière des tourillons vers la culasse.

La percussion P augmente lorsque d diminue.

Examinons les différentes phases qui se présentent suivant les variations de d.

L'affût est toujours soulevé dans le tir horizontal : il ne commence à conserver ses appuis sur le sol qu'à l'angle de tir pour lequel E est nul, c'est-à-dire pour lequel on a (équation 21)

$$y (\cos \theta - f \sin \theta) - \gamma = 0$$

En augmentant θ, à partir de l'angle qui répond à cette équation de condition, la hauteur d du centre de gravité du canon au-dessus du plan horizontal passant par l'axe des tourillons diminue constamment, et devient nulle lorsque le centre de gravité de la pièce se trouve sur ce plan.

La percussion P correspondant à la valeur $d = 0$ est exprimée par :

$$\frac{\mu\ a}{(c-e) \sin \alpha + (c'-e') \cos \alpha}$$

La valeur de θ qui répond à $d = o$, se trouve au moyen de l'équation XVI § 9.

$$d = a \cos \theta - a' \sin \theta$$

et posant

$$a \cos \theta - a' \sin \theta = o$$

d'où

$$tg\, \theta = \frac{a}{a'}$$

Lorsque l'angle du tir aura l'élévation, qui résulte de cette expression, le centre de gravité du canon sera sur le plan horizontal passant par l'axe des tourillons : et la percussion P correspondant à ce cas particulier aura la valeur donnée ci-dessus.

$$P = \frac{\mu\, a}{(c-c)\sin\alpha + (c'-c')\cos\alpha'}$$

Si l'on continue à augmenter θ le centre de gravité du canon vient au-dessous du plan horizontal passant par l'axe des tourillons, la distance d change de signe et devient négative et la valeur de P donnée par l'équation (18) continue à croître.

On obtient la valeur de d qui répond au maximum de P en appliquant à l'équation XVI la méthode des coëfficiens différentiels. Il vient :

$$\frac{d \cdot d}{d \cdot \theta} = - a \sin \theta - a' \cos \theta = o$$

d'où

$$tg\, \theta = \frac{-a'}{a}$$

$$\sin \theta = \frac{-a'}{\sqrt{a^2 + a'^2}} \qquad \cos \theta = \frac{a}{\sqrt{a^2 + a'^2}}$$

$$d = -\sqrt{a^2 + a'^2}$$

Lorsque d a cette valeur, le centre de gravité du canon est dans le plan vertical passant par l'axe des tourillons et au-dessous de cet axe.

Appelons θ' l'angle θ qui répond à cette position du centre de gravité, et θ'' l'angle θ correspondant à $d = o$, nous aurons les relations

$$tg\, \theta' = \frac{-a'}{a} \qquad\qquad tg\, \theta'' = \frac{a}{a'}$$

$$l + tg\,\theta'\,tg\,\theta'' = o$$

Ainsi
$$\theta' = \theta'' + 90°$$

Si l'on a égard à la condition, que θ doit avoir une certaine valeur positive, pour que l'affût conserve ses appuis, nous trouvons que, dans le problème qui nous occupe, les plus faibles réactions sur la vis de pointage se produisent sous les petits angles de tir ; que ces réactions augmentent à mesure que l'élévation de l'âme au-dessus de l'horizon devient plus considérable ; et enfin ces réactions deviennent un maximum, lorsque le centre de gravité du canon se trouve placé verticalement sous l'axe des tourillons.

La percussion maximum de P se trouve alors exprimée par

$$P = \frac{\mu\,a + C\,V\sqrt{a^2 + a'^2}}{(c-e)\sin\alpha + (c'-e')\cos\alpha}$$

Les résultats du calcul appliqués au matériel de l'artillerie conduisent aux remarques suivantes :

1° L'abaissement de l'axe des tourillons est une cause influente de la violence des percussions sur la vis de pointage. Les canons et les canons-obusiers, qui tirent généralement sous des angles élevés, devraient avoir un petit abaissement de l'axe des tourillons, parce qu'ils fatiguent énormément leurs vis de pointage.

Toutefois, la nécessité, où l'on est de tirer sous de grandes élévations de l'âme, avec ces sortes de bouches-à-feu, exige que l'abaissement des tourillons soit assez grand, afin de faciliter la construction de l'affût.

2° Les canons ayant un tir rasant, fatiguent moins leurs vis de pointage que les obusiers et canons-obusiers.

3° La réaction sur la vis de pointage est plus forte pour les canons de campagne que pour ceux de siége.

La valeur de P diminue lorsque le dénominateur de l'équation (18) augmente et réciproquement.

Cherchons l'angle α, qui répond à la valeur maximum de ce dénominateur, il en résultera un minimum pour P.

On trouve par la méthode des coëfficients différentiels.

$$d \, \frac{[(c-e)\sin \alpha + (c'-e')\cos \alpha]}{d\,\alpha} = + (c-e)\cos \alpha - (c'-e')\sin \alpha = 0$$

d'où
$$tg\,\alpha = \frac{c-e}{c'-e'}$$

Nommons δ l'angle que fait avec l'horizon la droite menée de la tête de la vis de pointage à l'axe des tourillons ; la valeur de δ est donnée par l'équation.

$$ty\,\delta = \frac{c-e}{c'-e'}$$

d'où
$$ty\,\delta = ty\,\alpha$$

Ainsi l'angle α, qui répond au minimum de P, fait avec la verticale le même angle, que la droite menée de l'axe des tourillons à la tête de la vis de pointage fait avec l'horizon : d'où il résulte que la direction de la vis de pointage pour laquelle la réaction P est un minimum, est perpendiculaire à la droite menée de la tête de la vis de pointage à l'axe des tourillons.

Dans la construction ordinaire des affûts, l'angle α est nul pour les pièces de campagne, et il est égal à l'inclinaison des plates-formes et chassis sur l'horizon pour les pièces de siége, de place et de côte ; inclinaison qui varie de 2° à 3°, parce que la vis de pointage est verticale, quand l'affût est sur le chassis ou la plate-forme. Il en résulte que, pour les canons, sin α est sensiblement nul, et cos α diffère très-peu de l'unité. En posant donc

$$\cos \alpha = 1 \qquad \sin \alpha = 0$$

dans l'équation (18) elle devient

$$P = \frac{\mu\,a - C\,V\,d}{c'-e'} \; ;$$

elle fait voir que la percussion P sur la vis de pointage diminue, à mesure que la distance $c'-e'$, entre la tête de la vis et le plan vertical passant par l'axe des tourillons, augmente.

C'est avec raison qu'aux canons, on place la vis de pointage le plus en arrière possible des tourillons sous la plate-bande de culasse.

Cette distance $c'-e'$ pourra encore devenir plus grande, si

dans le tracé des canons, on a soin de rapprocher l'axe des
tourillons de la volée. Mais on en est souvent empêché, parce
que les arcs de cercle que décrit la culasse, dans le pointage,
concentriquement à l'axe des tourillons, en devenant plus grands,
ne seraient possibles qu'avec des affûts plus larges et plus élevés que les besoins du service ne le comportent: les vis de
pointage seraient plus longues au détriment de leur solidité et
de la rapidité du pointage.

Supposons que l'affût soit appuyé à un obstacle inébranlable, ce qui revient à supposer $V = o$ et admettons en outre,
pour plus de simplicité, $\alpha = o$. La réaction sur la tête de la
vis de pointage sera la plus forte possible et l'équation (18)
deviendra.

$$P = \frac{\mu a}{c' - e'}$$

Cette équation montre l'influence pernicieuse de l'abaissement de l'axe des tourillons, et combien il est avantageux
d'augmenter l'intervalle entre les tourillons et la vis de pointage. Elle montre aussi, à quelles réactions désastreuses on
s'expose en arrêtant subitement le recul de la bouche-à-feu.

Afin de reconnaître l'influence de la masse totale S du système sur la valeur de P mettons l'équation (26) sous la forme.

$$\frac{P}{\mu} = \frac{1}{(c-e)\sin\alpha + (c'-e')\cos\alpha} \cdot \left\{ a - \frac{C\,d}{S}(\cos\theta - f\sin\theta) \right\}$$

Cette équation montre que P diminue, lorsque C augmente
et que S devient plus petit.

Représentons les rapports, du poids de la pièce à celui du
système de la pièce et de l'affût, respectivement par n et n',
pour l'artillerie de campagne et pour celle de siége, en sorte
que l'on ait:

$$n = \frac{C}{S} \quad \text{pour l'artillerie de campagne}$$

$$n' = \frac{C}{S} \quad\quad \text{id} \quad\quad \text{siége.}$$

Si les deux systèmes d'artillerie sont dans des rapports égaux,
on aura :

$$n = n'$$

et l'expression de la valeur de P ne différera pour les deux systèmes d'artillerie que par le dénominateur.

$$(c - e) \sin \alpha + (c' - e') \cos \alpha$$

Or les facteurs $(c - e)$ et $(c' - e')$ sont généralement plus grands pour les canons de siége que pour ceux de campagne, d'où il résulte que le dénominateur lui-même est plus grand pour les premiers canons que pour les seconds. Nous avons donc la confirmation de ce que nous venons d'avancer, à savoir qu'à calibre égal, et à mêmes charges, les canons de siége fatiguent moins les vis de pointage que ceux de campagne.

---

§ 46. Observations sur la percussion verticale T exercée sur les encastrements des tourillons.

Examinons l'équation (19) relative à la percussion verticale T exercée sur les encastrements des tourillons, et substituons à P sa valeur, équation (18), il vient :

$$T = \mu \sin \theta - P \cos \alpha = \mu \sin \theta - \frac{(\mu a - C V d) \cos \alpha}{(c - e) \sin \alpha + (c' - e') \cos \alpha}$$

L'angle α ayant au plus $2°$ ou $5°$ on peut le négliger sans erreur sensible. Cette hypothèse de $\alpha = o$ rend ces équations plus faciles à analyser ; elles deviennent :

$$T = \mu \sin \theta - P \tag{19bis}$$

$$T = \mu \sin \theta - \frac{\mu a - C V d}{c' - e'} \tag{19ter}$$

L'équation (19bis) montre que la percussion T est égale à la composante verticale $\mu \sin \theta$ de la réaction de la charge diminuée de la percussion P sur la vis de pointage. Ainsi, on ne peut soulager la vis de pointage, qu'en augmentant la percussion verticale sur les encastrements des tourillons, et réciproquement. Quel que soit le dispositif adopté pour l'affût, la composante verticale de l'impulsion due à la réaction de la

charge doit être détruite par la résistance des appuis du canon
sur l'affût. Mais il est essentiel de s'opposer au soulèvement de
l'affût qui est si nuisible, et le moyen d'y réussir est de faire
en sorte, que le choc T ait une certaine valeur, afin qu'il ne
puisse devenir négatif. En outre, l'écrou de la vis de pointage,
est le plus souvent fixé à des parties moins susceptibles de résistance, que celles où sont les encastrements des tourillons ;
aussi les préoccupations du constructeur ont-elles principalement
pour but d'atténuer les percussions sur la vis de pointage.

L'équation (19ter) fait voir que T augmente avec $c' - e'$ et
avec le produit $C\,V\,d$.

Les circonstances qui accroissent les percussions verticales sur
les encastrements des tourillons sont donc celles qui atténuent
la percussion sur la vis de pointage.

L'équation (27)

$$\frac{T}{\mu} = \sin\theta - \frac{\left\{\, a\,S - C\,d\,(\cos\theta - f\sin\theta)\,\right\}\cos\alpha}{S\left\{\,(c - e)\sin\alpha + (c' - e')\cos\alpha\,\right\}}$$

fait voir que T augmente en même temps que θ et C, et que T diminue avec S. En langage ordinaire cela signifie, que les percussions
verticales sur les encastrements des tourillons sont plus violentes,
lorsque l'angle du tir est plus élevé au-dessus de l'horizon, que
la masse du canon est plus forte, et que la masse totale du
système est moindre.

On peut diminuer la masse totale du système sans changer celle
du canon par l'emploi d'un affût aussi léger que possible.

----

§ 47. OBSERVATIONS SUR LA PERCUSSION HORIZONTALE T' EXERCÉE
SUR LES ENCASTREMENTS DES TOURILLONS.

La percussion horizontale T' sur l'axe des tourillons est donnée
par l'équation (20), dans laquelle on peut substituer à P sa valeur
équation (18), il vient

$$T' = \mu\cos\theta - C\,V + P\sin\alpha = \mu\cos\theta - C\,V + \frac{(\mu\,a - C\,V\,d)\sin\alpha}{(c - e)\sin\alpha + (c' - e')\cos\alpha}$$

Le choc T' est égal à la composante horizontale de la réaction de la charge, diminuée de la quantité de mouvement horizontale transmise au canon, et augmentée de la composante horizontale de la percussion sur la vis de pointage.

L'angle α étant toujours fort petit, posons $\alpha = 0$, les équations précédentes deviennent :

$$T' = \mu \cos \theta - C\,V \qquad\qquad (18_{\text{bis}})$$

Cette formule démontre que l'on diminue la percussion horizontale sur les encastrements des tourillons en favorisant la vitesse V de recul de la pièce, et en augmentant sa masse C.

Lorsque l'angle du tir est très-petit, la composante verticale $\mu \sin \theta$ a peu de valeur, et la percussion verticale T, équation (19_{bis}) est sensiblement nulle, si même elle ne devient pas négative ; auquel cas la pièce serait soulevée et viendrait heurter contre les susbandes des encastrements des tourillons. Dans cette même hypothèse de θ fort petit, $\cos \theta$ est bien près de l'unité, et la percussion horizontale T' diffère fort peu de $\mu - CV$. Il en résulte que dans le tir ordinaire des canons, qui se fait sous de petits angles d'élévation, la percussion horizontale sur les encastrements des tourillons est incomparablement plus forte que la percussion verticale.

On a eu la preuve de cette remarque dans la construction des affûts de place-côte. Les premiers qui ont été essayés avaient les encastrements des tourillons pratiqués dans les montants verticaux. Mais le bois offrant moins de résistance perpendiculairement aux fibres que suivant leur longueur, et l'effort horizontal des tourillons étant le plus violent, les montants se fendaient à l'emplacement des encastrements. On eut alors l'idée de ménager ceux-ci aux extrémités des arcs boutans, qui par suite de leur inclinaison soutinrent l'effort des tourillons à peu près suivant la longueur des fibres, et l'on a pu ainsi construire des affûts suffisamment résistants.

L'équation (28)

$$\frac{T}{\mu} = \cos \theta - \frac{C\,(\cos \theta - f \sin \theta)}{S} + \frac{\{a\,S - C\,d(\cos \theta - f \sin \theta)\}\sin \alpha}{S\,\{(c - e)\sin \alpha + (c' - e')\cos \alpha\}}$$

montre, que T' diminue lorsque C augmente et que S devient

plus petit. Ainsi pour atténuer le choc horizontal contre les encastrements des tourillons, qui est le plus violent, il faut augmenter la masse du canon et diminuer la masse totale du système : ce qui revient à dire que, plus les affûts sont lourds et les canons légers, plus cette percussion est violente.

ARTICLE II.

CANONS DE SIÉGE ET DE CAMPAGNE. — Percussions qui ont lieu lorsque l'affût conserve ses appuis sur le sol, et que les roues sont enrayées.

§ 48. HYPOTHÈSES CONCERNANT LES CHAÎNES D'ENRAYAGE.

Supposons, pour plus de simplicité, que les deux roues sont enrayées, et que les chaines d'enrayage sont attachées aux points les plus bas des roues et de la crosse. Admettons que ces chaines sont parallèles entr'elles et au plan vertical du tir ; nous négligeons ainsi les efforts obliques que ces chaines exercent sur les jantes des roues, mais il sera facile de calculer ces efforts lorsque nous connaitrons leurs composantes parallèles aux plans des roues.

§ 49. MOUVEMENTS ET PERCUSSIONS QUI ONT LIEU.

La culasse est en contact avec la vis de pointage, et les roues sont comprimées contre le sol ; le canon et l'affût se meuvent parallèlement au terrain, avec une vitesse horizontale V.

La tension des chaines d'enrayage empêche la rotation des roues ; leur vitesse angulaire étant nulle on a $\varphi = 0$.

Les roues, sont entraînées par le choc de l'essieu, retenues par le frottement des cercles de roues contre le sol, et sollicitées en même temps par la tension des chaines d'enrayage : sous l'influence de ces forces, les roues participent au mouvement général de translation de tout le système, tout en restant parallèles à elles-mêmes.

Chaque chaîne d'enrayage éprouve à ses deux extrémités des efforts, qui sont égaux, contraires et directement opposés.

Appelons Q' la somme des tensions des deux chaînes d'enrayage : la crosse sera sollicitée en sens contraire au recul par une force $- Q'$, tandis que les roues seront tirées par leurs points les plus bas par une force $+ Q'$.

Indépendamment de la force $- Q'$, la crosse éprouvera une résistance $- fQ$ provenant du frottement produit par le choc vertical Q.

De même, la percussion verticale R, que les roues éprouvent en leurs points de contact avec le sol, engendre un frottement $- fR$.

---

§ 50. MISE EN ÉQUATION DES QUANTITÉS DE MOUVEMENT IMPRIMÉES AU CANON.

Nous conservons les notations du § 32 : seulement les roues ne tournent pas, nous n'aurons pas à nous occuper de la vitesse angulaire φ : la vitesse de glissement z devient égale à V.

Représentons, par des forces, les résistances des encastrements des tourillons et de la vis de pointage ; nous pouvons considérer le canon, comme un corps libre soumis à ces forces et à l'impulsion μ, et établir les conditions de l'équilibre, qui doit exister entr'elles et les quantités de mouvement réellement imprimées.

Les composantes verticales de ces forces sont :

$$\mu \sin \theta$$
$$- T$$
$$- P \cos \alpha.$$

Les composantes horizontales sont :

$$\mu \cos \theta$$
$$- T'$$
$$P \sin \alpha$$

La quantité de mouvement imprimée est $V C$, force horizontale.

Les forces étant les mêmes qu'au § 36, nous aurons les mêmes équations, savoir :

$$\mu \sin \theta - T - P \cos \alpha = 0 \qquad (1)$$

$$\mu \cos \theta - T' + P \sin \alpha = C V \qquad (2)$$

$$\mu a - P \cos \alpha (c' - e') - P \sin \alpha (c - e) = C V d \qquad (3)$$

------

§ 51. MISE EN ÉQUATION DES QUANTITÉS DE MOUVEMENT IMPRIMÉES AU CANON ET A L'AFFUT RÉUNIS.

Les forces qui agissent sur le canon et l'affût réunis, considérés comme un seul corps solide, ont les composantes suivantes :

composantes verticales.

$$\mu \sin \theta$$
$$- E$$
$$- Q :$$

composantes horizontales.

$$\mu \cos \theta$$
$$- E'$$
$$- fQ$$
$$- Q' \ (\text{effort des chaines d'enrayage sur la crosse}).$$

La quantité de mouvement produite, est celle horizontale $M V = (A + C) V$, due à la vitesse V du recul. Cette force est appliquée au centre de gravité du système, formé du canon et de l'affût réunis ; et l'ordonnée verticale h de ce centre de gravité a pour valeur § 52.

$$h = \frac{C (c + d) + A g}{M}$$

Les deux premières équations de l'équilibre entre les forces et les quantités de mouvement sont :

$$\mu \sin \theta - Q - E = 0 \qquad (4)$$

$$\mu \cos \theta - fQ - Q' - E' = M V \qquad (5)$$

Formons l'équation des moments relativement au point d'appui

de la crosse sur le sol , pour lequel les moments des forces Q ,
f Q et Q' sont nuls , il vient :

$$\mu \gamma + E\,r' - E'\,r = M\,V\,h \qquad (6)$$

Les équations (5) et (6) deviennent, en substituant leurs valeurs
à M et h ,

$$\mu \cos \theta - f\,Q - Q' - E' = (A + C)\,V \qquad (7)$$

$$\mu \gamma + E\,r' - E'\,r = \left\{ C\,(c + d) + A\,g \right\}\,V \qquad (8)$$

---

§ 52. MISE EN ÉQUATION DES QUANTITÉS DE MOUVEMENT IMPRIMÉES
AUX ROUES.

—

Les roues ne tournent pas mais participent à la vitesse horizontale de tout le système : elles sont animées de la quantité
de mouvement horizontale B V.

Les forces qui agissent sur les roues ont les composantes
suivantes :

composantes verticales :

E

— R ,

composantes horizontales :

E'

— f R

Q'.

Les deux premières équations de l'équilibre entre les forces
et les quantités de mouvement imprimées sont :

$$E - R = 0 \qquad (9)$$

$$E' - f\,R + Q' = B\,V \qquad (10)$$

Formons l'équation des moments, relativement au point d'appui
de la crosse sur le sol, pour lequel les moments des forces Q'
et — f R sont nuls , il vient :

$$- E\,r + E'\,r + R\,r' = B\,V\,r \qquad (11)$$

§ 55. RÉSOLUTION DES ÉQUATIONS PRÉCÉDENTES ET RÉPERTOIRE
DE FORMULES.

La résolution des équations précédentes et l'introduction des
valeurs de y et de S conduit aux solutions suivantes :

$$\frac{V}{\mu} = \frac{\cos\theta - f\sin\theta}{S} \tag{12}$$

$$R = E = \frac{S\,V\,y - \mu\,\gamma}{r'} \tag{13}$$

$$Q' = f\,E \tag{14}$$

$$E' = B\,V \tag{15}$$

$$Q = \mu\sin\theta - E \tag{16}$$

$$P = \frac{\mu\,a - C\,V\,d}{(c - e)\sin\alpha + (c' - e')\cos\alpha} \tag{17}$$

$$T = \mu\sin\theta - P\cos\alpha \tag{18}$$

$$T' = \mu\cos\theta + P\sin\alpha - C\,V \tag{19}$$

Les équations nᵒˢ 12 à 19 contiennent les solutions du problème. Nous pourrions nous en contenter, mais, pour faciliter
l'analyse des éléments du système, qui influent sur les chocs
produits, et pour pouvoir calculer directement ces chocs sans
devoir passer par les valeurs intermédiaires, nous donnons encore
les formules suivantes :

$$\frac{R}{\mu} = \frac{E}{\mu} = \frac{y\,(\cos\theta - f\sin\theta) - \gamma}{r'} \tag{20}$$

$$\frac{E'}{\mu} = \frac{B\,(\cos\theta - f\sin\theta)}{S} \tag{21}$$

$$\frac{\varphi}{\mu} = \sin\theta - \frac{y\,(\cos\theta - f\sin\theta) - \gamma}{r'} \tag{22}$$

§ 34. OBSERVATIONS SUR LES FORMULES PRÉCÉDENTES.

—————

La valeur de V équation (12) est la même que celle obtenue précédemment, pour le canon dont les roues ne sont pas enrayées et pour les mortiers, dans tous les cas où l'affût conserve ses appuis sur le sol. Nous voyons ainsi la confirmation de cette observation, que le genre d'affût n'influe en rien sur la vitesse initiale du recul. Nous renvoyons d'ailleurs à nos remarques précédentes sur la vitesse V.

La première des équations (13)

$$E = R ,$$

est la même que la première des équations (13) § 37, relative aux affûts avec roues non enrayées. Elle montre, que la percussion verticale sur l'essieu, se transmet intégralement aux points d'appui des roues, que celles-ci soient enrayées ou non.

La seconde des équations (20)

$$\frac{E}{\mu} = \frac{y(\cos\theta - f\sin\theta) - \gamma}{r'} \qquad (20)$$

ne diffère de la seconde équation (21) § 38, que par le dénominateur, qui est r', lorsque les roues sont enrayées, et $r' - fr$ lorsqu'elles ne le sont pas. Il en résulte que la percussion verticale sur l'essieu est moindre lorsque les roues sont enrayées que quand elles ne le sont pas. D'ailleurs, l'équation (13), est la même que celle que nous avons obtenue, pour la percussion verticale sur les appuis antérieurs de l'affût du mortier vers la volée.

On conçoit, en effet, que les roues étant enrayées, l'affût de siége ou de campagne se comporte dans le recul, comme un affût traineau, en ce qui concerne les percussions verticales.

L'équation (14)

$$Q' = f E$$

fait voir, que la tension Q', des chaînes d'enrayage, est égale au frottement des roues sur le sol, frottement engendré par la percussion verticale E sur l'essieu. C'est un résultat que nous aurions pu établir à priori, en commençant le problème.

L'équation (15)

$$E' = B V$$

montre que la percussion horizontale sur l'essieu est égale à la quantité de mouvement horizontale transmise aux roues.

En comparant, cette valeur de E', à celle donnée par l'équation (14) § 57, relative aux affûts avec roues non enrayées, nous remarquons que le choc horizontal contre l'essieu est plus considérable, quand les roues sont libres que lorsqu'elles sont enrayées. Cette conclusion était à prévoir, puisque la tension des chaînes d'enrayage devait détruire le frottement des roues sur le sol.

La conséquence de cette observation est que la crosse fatigue davantage quand les roues sont enrayées. En effet, l'équation (22)

$$\frac{Q}{\mu} = \sin \theta - \frac{y (\cos \theta - f \sin \theta) - \gamma}{r'}.$$

relative aux affûts avec roues enrayées, ne diffère de celle (25) § 58, relative aux affûts avec roues non enrayées, que par le dénominateur de la fraction à soustraire de $\sin \theta$, lequel est r' pour les roues enrayées, et $r' - f r$ pour les roues libres. Il en résulte que la percussion verticale sur la crosse est plus forte lorsque les roues sont enrayées.

L'équation (16) du § 55 est de même forme que celle (9) du § 24, relative aux mortiers sur affût traineau. On en conclut que, toutes autres choses égales d'ailleurs, la percussion verticale, sur la crosse de l'affût avec roues enrayées, est la même que s'il s'agissait d'un affût traineau.

Le matériel de montagne est très-léger, afin que l'affût et le canon puissent être transportés séparément à dos de bêtes de somme : il en résulte que les reculs sont considérables, et que, pour les modérer, on enraye les roues de l'affût au moment du tir. Dans ce matériel, l'essieu fatigue donc moins, et la crosse davantage, que dans celui de campagne.

Les efforts horizontaux de la crosse sur le terrain se composent du frottement $f Q$, augmenté de la tension Q' des chaînes d'enrayage : leur somme est beaucoup plus grande que pour les affûts avec roues non enrayées. Il en résulte qu'aux affûts de montagne on doit particulièrement veiller à la solidité de la crosse.

Les équations (17) (18) et (19) du § 55, sont identiquement les mêmes que celles (18) (19) et (20) du § 58, relatives aux affûts avec roues non enrayées. On en conclut que les percussions sur les encastrements des tourillons et sur la vis de pointage, sont les mêmes quand les roues sont enrayées, que lorsqu'elles peuvent tourner librement sur leurs essieux.

ARTICLE III.

Percussions produites, lorsque la culasse restant en contact avec la vis de pointage, l'affût soulevé tourne sur sa crosse comme sur une charnière, tandis que, le système entier formé du canon, de l'affût et des roues, prend un mouvement de translation parallèlement au sol.

§ 55. MOUVEMENTS QUI ONT LIEU.

Les canons, de même que les mortiers, présentent deux circonstances dans le recul ; tantôt l'affût conserve ses appuis sur le sol, et c'est le cas que nous avons traité dans les deux premiers articles de cette seconde partie, et tantôt l'affût est soulevé par sa partie antérieure, et tourne comme sur une charnière autour du point d'appui de la crosse sur le sol, tout en possédant un mouvement de translation parallèlement au terrain.

Mais tandis que l'affût soulevé pivote autour du point d'appui de la crosse, il y a deux cas à examiner.

La culasse du canon peut rester en contact avec la vis de pointage, et la position relative de la bouche-à-feu avec l'affût ne change pas ; ou bien, en même temps que l'affût est soulevé, la culasse s'éloigne de la vis de pointage, et le canon prend mouvement particulier de rotation autour de l'axe des tourillons.

Ainsi que le titre de cet article l'indique, nous nous proposons ici de calculer les percussions qui ont lieu lorsque l'affût est soulevé dans le tir, et que la pièce et l'affût conservent leurs positions relatives, et se meuvent comme s'ils ne formaient qu'un

14

seul et même corps solide. Les mouvements et les percussions se produisent alors de la manière suivante.

L'affût est soulevé par l'effet du tir, et tourne autour du point d'appui de la crosse sur le sol.

La crosse glisse sur le sol, et le système entier, composé du canon, de l'affût et des roues, prend un mouvement de translation parallèlement au terrain.

La culasse reste en contact avec la vis de pointage ; la bouche à feu conserve sa position relative avec l'affût, et participe au double mouvement de translation parallèlement au sol, et de rotation autour du point d'appui de la crosse.

Le choc de l'essieu, sur l'axe des roues, les soulève et leur communique en même temps le mouvement de translation de tout le système. Mais le soulèvement et le mouvement de translation, n'altèrent en rien le parallélisme des roues avec leur position primitive ; parce que le choc de l'essieu, passant par l'axe de rotation des roues, sur lequel se trouve leur centre de gravité, ne saurait leur imprimer aucune vitesse angulaire.

---

§ 56. NOTATIONS.

Outre les notations du § 32 nous adoptons les suivantes :

ω vitesse angulaire de l'affût autour du point d'appui de la crosse sur le sol. (Le canon ne se séparant pas de l'affût possède la même vitesse angulaire).

CK^2 moment d'inertie du canon, relativement à une droite passant par son centre de gravité et parallèle à l'axe des tourillons.

AK'^2 moment d'inertie de l'affût, relativement à une droite passant par son centre de gravité, et parallèle à l'axe des encastrements des tourillons.

MK''^2 moment d'inertie du canon et de l'affût réunis, relativement à une droite passant par le centre de gravité de ce système, et parallèle à l'axe des tourillons.

$M \left\{ K''^2 + h^2 + h'^2 \right\}$ moment d'inertie du canon et de l'affût réunis, relativement à une droite passant par le point d'appui de la crosse, et parallèle à l'axe des tourillons.

$C \left\{ K^2 + (c + d)^2 + (c' - d')^2 \right\}$ moment d'inertie du canon, relativement à une droite passant par le point d'appui de la crosse, et parallèle à l'axe des tourillons.

$A \left\{ K'^2 + g^2 + g'^2 \right\}$ moment d'inertie de l'affût, relativement à une droite passant par le point d'appui de la crosse, et parallèle à l'axe des encastrements des tourillons.

On a la relation

$$M(K''^2 + h^2 + h'^2) = C \left\{ K^2 + (c+d)^2 + (c' - d')^2 \right\} + A \left\{ K'^2 + g^2 + g'^2 \right\}$$

Les autres notations sont :

$B \, l^2$ moment d'inertie des deux roues, relativement à l'axe de l'essieu.

$B \left\{ l^2 + r^2 + r'^2 \right\}$ moment d'inertie des deux roues, relativement à une droite passant par le point d'appui de la crosse sur le sol, et parallèle à l'axe de l'essieu.

$S \, l^2$ moment d'inertie des masses réunies du canon, de l'affût et des roues, relativement à une droite passant par le centre de gravité du système, et parallèle à l'axe des tourillons.

$X = S \left\{ l^2 + y^2 + y'^2 \right\}$ moment d'inertie du système formé du canon, de l'affût et des roues, relativement à une droite passant par le point d'appui de la crosse sur le sol, et parallèle à l'axe des tourillons.

§ 57. MISE EN ÉQUATION DES QUANTITÉS DE MOUVEMENT IMPRIMÉES AU CANON ET A L'AFFUT RÉUNIS.

Remplaçons par des forces, la résistance du sol sous la crosse et la réaction des roues au choc de l'essieu, nous pourrons considérer le canon et l'affût réunis, comme ne formant qu'un seul corps libre, soumis à ces forces et à la réaction μ due à l'explosion de la charge, et établir les conditions de l'équilibre, qui doit exister entr'elles et les quantités de mouvement réellement imprimées.

Les composantes de ces forces et de la réaction μ sont les suivantes :

composantes verticales

$\mu \sin \theta$

E

$- Q$:

composantes horizontales

$\mu \cos \theta$

$- E'$

$- f Q.$

Les quantités de mouvement imprimées sont :

$MV = (A + C) V$ quantité de mouvement de translation, due à la vitesse horizontale du recul V de tout le système.

$\omega M \sqrt{ h^2 + h'^2 }$ quantité de mouvement de rotation du canon et de l'affût réunis. (§ 7 équation XII)

Cette force de rotation a pour composantes (§ 7 équation XI) :

$\omega M h$ composante horizontale, dirigée dans le sens du recul ;

$- \omega M h'$ composante verticale, agissant de bas en haut.

Ces composantes deviennent en substituant à h, h' et M leurs valeurs :

$$\omega M h = \omega \left\{ C (c + d) + A g \right\},$$
$$- \omega M h' = - \omega \left\{ C (c' - d') + A g' \right\}. \right\} \quad 1$$

Les deux premières équations de l'équilibre sont :

$$\mu \sin \theta - Q + E = \omega M h' = - \omega \left\{ C(c' - d') + A g' \right\}, \qquad (2)$$

$$\mu \cos \theta - fQ - E' = MV + \omega M h = (A+C)V + \omega \left\{ C(c+d) + A g \right\}.(3)$$

Pour 3me équation, nous formerons celle des moments, relativement au point d'appui de la crosse sur le sol, pour lequel les moments des forces $-Q$ et $-fQ$ sont nuls.

Les moments des forces qui agissent sur le système du canon et de l'affût réunis sont :

$$\mu \gamma$$
$$-E r'$$
$$-E' r.$$

Les moments des quantités de mouvement imprimées sont :

$$M V h = (A+C)Vh \quad \text{moment de la quantité de mouvement}$$
$$\text{de translation parallèlement au sol :}$$

$$\omega M(K''^2 + h^2 + h'^2) \quad \text{moment de la quantité de mouvement de}$$
$$\text{rotation du canon et de l'affût réunis,}$$
$$(\text{équation XIII § 7}).$$

Établissons l'équation des moments.

$$\mu \gamma - E r' - E' r = M V h + \omega M(K''^2 + h^2 + h'^2) \qquad (4)$$

Mais, le moment d'inertie du canon et de l'affût réunis, est égal à la somme des moments d'inertie partiels du canon et de l'affût, on a donc :

$$M(K''^2 + h^2 + h'^2) = C \left\{ K^2 + (c+d)^2 + (c'-d')^2 \right\} + A(K'^2 + g^2 + g'^2).$$

Remplaçons, dans l'équation (4), M, h, h' et $M K''^2$ par leurs valeurs, il vient :

$$\mu \gamma - E r' - E' r = V \left\{ C(c+d) + A g \right\} +$$

$$+ \omega \left[C \left\{ K^2 + (c+d)^2 + (c'-d')^2 \right\} + A \left\{ K'^2 + g^2 + g'^2 \right\} \right] \quad (5)$$

§ 58. MISE EN ÉQUATION DES QUANTITÉS DE MOUVEMENT IMPRIMÉES AUX ROUES.

Remplaçons le choc de l'essieu, qui met les roues en mouvement, par ses composantes — E et + E'; nous pourrons faire abstraction de ce choc, et rechercher les conditions de l'équilibre qui doit exister entre ces composantes et les quantités de mouvement dont les roues sont réellement animées.

Les roues, participent à la vitesse générale de translation V de tout le système, et sont animées de la quantité de mouvement horizontale $B V$.

Elles accompagnent l'essieu dans le mouvement angulaire de l'affût, et possèdent la vitesse $\omega \sqrt{r^2 + r'^2}$, dirigée tangentiellement à l'arc de cercle, que l'essieu tend à décrire autour du point d'appui de la crosse sur le sol. Cette vitesse engendre la quantité de mouvement $\omega B \sqrt{r^2 + r'^2}$ de même direction.

Soit δ l'angle que fait avec l'horizon, la droite menée de l'axe de l'essieu au point d'appui de la crosse sur le sol.

Nous aurons :

$$\operatorname{tg} \delta = \frac{r}{r'}$$

$$\sin \delta = \frac{r}{\sqrt{r^2 + r'^2}}$$

$$\cos \delta = \frac{r'}{\sqrt{r^2 + r'^2}}$$

La direction de la force $\omega B \sqrt{r^2 + r'^2}$, perpendiculaire sur la droite menée de l'axe de l'essieu au point d'appui de la crosse, fait avec la verticale le même angle δ, que cette droite fait avec l'horizon.

La force $\omega B \sqrt{r^2 + r'^2}$ a donc les composantes suivantes :

$$- \omega B \sqrt{(r^2 + r'^2)} \cos \delta = - \omega B r', \text{ composante verticale},$$

$$\omega B \sqrt{(r^2 + r'^2)} \sin \delta = \omega B r, \text{ composante horizontale}.$$

La composante verticale $- \omega\,B\,r'$ agit de bas en haut, et c'est pour cela qu'elle est négative.

Les deux premières équations d'équilibre entre les forces et les quantités de mouvement imprimées sont :

$$- E = - \omega\,B\,r' \qquad (6)$$

$$E' = B\,V + \omega\,B\,r \qquad (7)$$

Il n'y a pas lieu de former l'équation des moments, parce que les forces et les quantités de mouvement concourent toutes sur l'axe de l'essieu, et que cette équation serait identiquement nulle. D'ailleurs nous avons un nombre d'équations égal à celui des inconnues qu'elles renferment.

---

§ 59. RÉSOLUTION DES ÉQUATIONS PRÉCÉDENTES.

Les équations (2), (3), (5), (6) et (7), renferment 5 inconnues et suffisent à les trouver.

Le nombre de termes auxquels on parvient est très-grand, il convient de simplifier les formules, en employant les abréviations indiquées au § (56) savoir :

$$S = A + B + C$$

$$y = \frac{C\,(c + d) + A\,g + B\,r}{S}$$

$$y' = \frac{C\,(c' - d') + A\,g' + B\,r'}{S}$$

$$X = S \left\{ l^2 + y^2 + y'^2 \right\}$$

Le moment d'inertie représenté par X, est égal à la somme des moments d'inertie partiels du canon, de l'affût et des roues, pris relativement au point d'appui de la crosse sur le sol. On a :

$$X = C \left\{ K^2 + (c + d)^2 + (c' - d')^2 \right\} + A \left\{ K'^2 + g^2 + g'^2 \right\} + B \left\{ l^2 + r^2 + r'^2 \right\}$$

$$(8).$$

On en déduit pour la valeur d'une expression qui se présente dans l'élimination.

$$X - B l^2 = C \left\{ K^2 + (c+d)^2 + (c'-d')^2 \right\} + A \left\{ K'^2 + g^2 + g'^2 \right\} + B(r^2 + r'^2)$$

$$(8^{bis}).$$

L'élimination conduit aux relations suivantes :

$$\frac{V}{\mu} = \frac{(X - B l^2)(\cos\theta - f\sin\theta) - \gamma S(y + f y')}{S \left\{ X - B l^2 - S y (y + f y') \right\}} \qquad (9)$$

$$\omega = \frac{\mu \gamma - y V S}{X - B l^2} \qquad (10)$$

$$E = \omega B r' \qquad (11)$$

$$E' = B V + \omega B r \qquad (12)$$

$$Q = \mu \sin\theta + \omega y' S \qquad (13)$$

Comme renseignement utile, nous ajoutons les formules suivantes, auxquelles on parvient dans le courant de l'élimination, et nous exprimons les divers chocs et vitesses en fonction des données du problème.

$$\frac{\omega}{\mu} = \frac{\gamma - y(\cos\theta - f\sin\theta)}{X - B l^2 - y S(y + f y')} \qquad (14)$$

$$\frac{E}{\mu} = \frac{B r' \left\{ \gamma - y(\cos\theta - f\sin\theta) \right\}}{X - B l^2 - y S(y + f y')} \qquad (15)$$

$$\frac{E'}{\mu} = \frac{B \left[\gamma S \left\{ r - (y + f y') \right\} + \left\{ X - B l^2 - y r S \right\}(\cos\theta - f\sin\theta) \right]}{X - B l^2 - y S(y + f y')} \qquad (16)$$

$$\frac{Q}{\mu} = \sin\theta + \frac{y' S \left\{ \gamma - y(\cos\theta - f\sin\theta) \right\}}{X - B l^2 - y S(y + f y')} \qquad (17)$$

$$\omega = \frac{\mu(\cos\theta - f\sin\theta) - V S}{S(y + f y')} \qquad (18)$$

$$Q = \mu \sin \theta + \frac{y' S \left\{ \mu \gamma - y V S \right\}}{X - B l^2} \qquad (19)$$

$$Q = \mu \sin \theta + \frac{y' \left\{ \mu \left(\cos \theta - f \sin \theta \right) \quad V S \right\}}{y + f y'} \qquad (20)$$

----

§ 60. MISE EN ÉQUATION DES PERCUSSIONS EXERCÉES SUR LA TÊTE DE LA VIS DE POINTAGE ET SUR LES ENCASTREMENTS DES TOURILLONS.

Remplaçons, par des forces, les résistances opposées par les encastrements des tourillons et par la tête de la vis de pointage, et nous pourrons considérer le canon comme un corps libre, soumis à ces forces et à l'impulsion μ, et établir les conditions de l'équilibre, qui doit exister entr'elles et les quantités de mouvement réellement imprimées.

Les composantes des forces sont :

composantes verticales

$\mu \sin \theta$

T

$- P \cos \alpha$;

composantes horizontales ,

$\mu \cos \theta$

$- T'$

$P \sin \alpha$.

La vitesse horizontale V, imprimée à tout le système, produit sur le canon la quantité de mouvement horizontale C V.

La vitesse angulaire ω, autour du point d'appui de la crosse sur le sol, produit sur le canon la quantité de mouvement de rotation $\omega C V \overline{\left(c + d \right)^2 + \left(c' - d' \right)^2}$ (équation XII, § 7).

Cette quantité de mouvement de rotation a pour composantes (équation XI, § 7) :

$- \omega C \left(c' - d' \right)$ composante verticale, agissant de bas en haut,

$\omega C \left(c + d \right)$ composante horizontale, agissant dans le sens du recul.

15

Les deux premières équations d'équilibre sont :

$$\mu \sin \theta + T - P \cos \alpha = - \omega\, C\, (c' - d') \qquad (21)$$

$$\mu \cos \theta - T' + P \sin \alpha = \omega\, C\, (c + d) + C\, V \qquad (22)$$

Formons l'équation des moments, relativement à l'axe des tourillons, pour lequel les moments des forces T et T' sont nuls, nous aurons une équation, qui ne renfermera que l'inconnue P, et nous permettra d'en déduire immédiatement sa valeur.

Les moments des forces sont :

$\mu\, a$

$- P \cos \alpha\, (c' - e')$ moment de la composante verticale $- P \cos \alpha$

$- P' \sin \alpha\, (c - e)$ moment de la composante horizontale $P \sin \alpha$

Les moments des quantités de mouvement sont :

$C\, V\, d$ moment de la quantité de mouvement horizontale $C\, V$,

$q\, \omega\, C \sqrt{(c + d)^2 + (c' - d')^2}$ moment de la quantité de mouvement de rotation du canon : q étant le bras de levier de cette force relativement à l'axe des tourillons.

On a pour l'équation des moments relativement à l'axe des tourillons.

$$\mu a - P\cos\alpha(c'-e') - P\sin\alpha(c-e) = CVd + q\omega C \sqrt{(c + d)^2 + (c' - d')^2}$$

Le bras de levier q se détermine au moyen de l'équation XV § 8.

$$q = \frac{K^2 + x_1^2 + y_1^2 - x\, x_1 - y\, y_1}{\sqrt{x_1^2 + y_1^2}}$$

Dans cette équation, les lettres ont les valeurs suivantes :

$$x_1 = c' - d'$$
$$y_1 = c + d$$
$$x = c'$$
$$y = c$$

Il en résulte

$$q = \frac{K^2 + (c'-d')^2 + (c+d)^2 - c'(c'+d') - c(c+d)}{\sqrt{(c + d)^2 + (c' - d')^2}}$$

On trouve, en réduisant les termes du numérateur,

$$q = \frac{K^2 + d^2 + d'^2 + c\,d - c'\,d'}{\sqrt{(c+d)^2 + (c'-d')^2}}$$

Cette valeur de q, introduite dans l'équation des moments, donne :

$$\mu\,a - P \left\{ (c-e)\sin\alpha + (c'-e')\cos\alpha \right\} =$$

$$= C\,V\,d + \omega\,C \left\{ K^2 + d^2 + d'^2 + c\,d - c'\,d' \right\} \qquad (23).$$

---

§ 61. RÉSOLUTION DES ÉQUATIONS (21), (22) ET (23), RELATIVES AUX PERCUSSIONS, ÉPROUVÉES PAR LA VIS DE POINTAGE ET PAR LES ENCASTREMENTS DES TOURILLONS.

L'équation (23) fournit immédiatement la valeur de P, en posant pour abréger :

$$L = K^2 + d^2 + d'^2 \quad (24) \qquad U = c\,d - c'\,d' , \qquad (25)$$

Il vient :

$$P = \frac{\mu\,a - C\,V\,d - \omega\,C\,(L+U)}{(c-e)\sin\alpha + (c'-e')\cos\alpha} \qquad (26)$$

On déduit des autres équations :

$$T = P\cos\alpha - \mu\sin\theta - \omega\,C\,(c'-d') \qquad (27)$$

$$T' = \mu\cos\theta - C\,V - \omega\,C\,(c+d) + P\sin\alpha \qquad (28)$$

Substituons les valeurs de V et ω, données par les équations (9) et (14) dans l'équation (26).

On obtient :

$$\frac{P}{\mu} = \frac{1}{(c-e)\sin\alpha + (c'-e')\cos\alpha} \left\{ a - \frac{C\,d\left\{ (X-Bl^2)(\cos\theta - f\sin\theta) - \gamma\,S(y+fy') \right\}}{S\left\{ X - B\,l^2 - y\,S\,(y+f\,y') \right\}} - \frac{C\,(L+U)\left\{ \gamma - y(\cos\theta - f\sin\theta) \right\}}{X - B\,l^2 - y\,S\,(y+f\,y')} \right\} \qquad (29).$$

§ 62. OBSERVATIONS SUR LA VITESSE ANGULAIRE ω.

La vitesse angulaire ω, devant être positive, il faut que les deux termes de la fraction,

$$\frac{\omega}{\mu} = \frac{\gamma - y\,(\cos\theta - f\sin\theta)}{X - B\,l^2 - y\,S\,(y + f\,y')} \qquad (14)$$

soient de mêmes signes. Mais nous avons vu, à l'article I, § 40, que lorsque l'affût est soulevé, l'expression $y\,(\cos\theta - f\sin\theta) - \gamma$ avait une valeur négative ; d'où il résulte que l'on a simultanément, dans le cas actuel, qui est celui du soulèvement de l'affût :

$$\gamma - y\,(\cos\theta - f\sin\theta) > 0 \qquad (30)$$

$$X - B\,l^2 - y\,S\,(y + f\,y') > 0 \qquad (31)$$

Il est facile de démontrer que l'inégalité (31) subsiste, quel que soit le sens de l'inégalité (30). A cet effet, substituons dans l'inégalité (31) à X sa valeur,

$$X = S\,(l^2 + y^2 + y'^2)\text{, cette formule devient}$$

$$S\,(l^2 + y^2 + y'^2) - B\,l^2 - y\,S\,(y + f\,y')$$

réduisant il vient :

$$S\,l^2 - B\,l^2 + S\,y'\,(y' - f\,y) \qquad (31^{\text{bis}}).$$

Mais le moment d'inertie du système entier $S\,l^2$ est plus grand que le moment d'inertie partiel des deux roues $B\,l^2$; et de plus, dans la pratique, l'ordonnée horizontale y' du centre de gravité du système entier, est plus grande que l'ordonnée verticale y, et à fortiori que $f\,y$: donc l'inégalité (31) est toujours satisfaite.

L'équation (14) montre que ω croît en même temps que γ et que f.

Ainsi, la vitesse angulaire de l'affût augmente, lorsque la perpendiculaire, menée du point d'appui de la crosse sur l'axe de l'âme prolongé, est plus grande, et que le coëfficient du frottement est plus considérable.

Les affûts élevés, comme ceux de place de Gribauval, sont plus facilement soulevés, que ceux de marine et de casemate, où le canon est plus rapproché du sol, et où, par conséquent, la perpendiculaire γ est moins grande.

De ce que ω augmente en même temps que f, la réciproque a lieu, ω diminue avec f. Dans le tir sur la glace, où le frottement f est sensiblement nul, la vitesse ω est moindre, que sur un sol donnant lieu à de grands frottements : et s'il s'agit d'affûts sur chassis, la vitesse ω sera diminuée, si les côtés du chassis sont des rails en fer, au lieu de semelles en bois, parce que le glissement de la crosse éprouvera moins d'obstacles sur le fer que sur le bois.

Nous voyons que ω diminue lorsque le moment d'inertie X est plus considérable. Accroître le moment d'inertie du système, c'est lui donner plus de stabilité, c'est ralentir la vitesse ω, quand le soulèvement de l'affût ne peut être évité. Ces avantages sont aussi obtenus par l'accroissement de la masse S du système. Afin de mieux s'en rendre compte, remplaçons le dénominateur du 2^d membre de l'équation (14) par la valeur (31bis) nous aurons :

$$\frac{\omega}{\mu} = \frac{\gamma - y\,(\cos\theta - f\sin\theta)}{S\left\{l^2 + y'\,(y' - f\,y)\right\} - B\,l^2} \qquad (14^{\text{bis}})$$

On voit clairement que ω est amoindri lorsque S est devenu plus grand.

Faisons $B = 0$ dans l'équation 14bis, elle devient semblable à l'équation 10bis du § 28, relative aux mortiers sur affût traineau. En effet, des affûts de campagne ou de siége, privés de leurs roues, deviennent des affûts traineau.

L'équation 8bis montre que l'expression :

$$S\,l^2 - B\,l^2$$

est indépendante du moment d'inertie $B\,l^2$ des roues. Il en résulte, que le dénominateur de l'équation (14bis) est indépendant en réalité du terme $B\,l^2$, et que le moment d'inertie des roues n'a aucune influence sur la valeur de ω; c'est qu'en effet, les roues ne tournent pas lors du soulèvement de l'affût, mais restent parallèles à elles-mêmes.

L'équation (14bis) montre le rôle important de y', pour ralentir ω.

On augmente la stabilité du système, et on ralentit la vitesse angulaire ω, en accroissant l'ordonnée horizontale y' du centre de gravité du système entier, prise relativement au point d'appui de la crosse sur le sol.

Faisons $y = 0$ dans l'équation 14bis, il vient :

$$\frac{\omega}{\mu} = \frac{\gamma}{S(l^2 + y'^2) - B l^2} \qquad (14^{\text{ter}}).$$

nous aurons une des plus grandes valeurs de ω. Cette circonstance se présenterait, si le centre de gravité du système se trouvait sur le plan d'appui de l'affût.

On peut se représenter un système remplissant cette condition, en supposant que l'affût très-pesant se meut sur un chassis, et qu'une forte partie de la masse de l'affût se trouve au-dessous, de manière que le centre de gravité du système entier soit sur le plan du chassis.

Posons la condition,

$$\gamma - y(\cos\theta - f\sin\theta) = 0 :$$

il en résulte,

$$\omega = 0$$

Si le centre de gravité du système, était assez élevé au-dessus du sol, pour que y satisfît à cette condition, la vitesse angulaire ω serait nulle, et l'affût conserverait ses appuis.

Pour reconnaître l'influence de l'angle θ, sur la valeur de ω, il faudrait, dans l'équation (14), exprimer X, y, y' et γ en fonction de θ, et analyser la formule qui en résulterait ; mais cette formule, très-compliquée, présente des difficultés que l'on évite, par les considérations suivantes :

Les quantités représentées par y, y' et X varient peu, pour des changements notables dans la valeur de θ, tandis que γ subit des variations très-grandes. La valeur de γ est la plus forte, dans le tir incliné sous l'horizon. Il suit de cette proposition et de l'équation (14), que c'est dans le tir sous l'horizon, que la vitesse ω de l'affût est la plus considérable.

Le tir incliné sous l'horizon est des plus nuisibles à la durée du matériel de l'artillerie, parce que la force vive que le système acquiert en retombant sur le sol, doit être détruite instantanément.

Les équations (10) et (18) font voir, que ω diminue lorsque la vitesse V du recul augmente. Ainsi c'est en favorisant le recul, que l'on amoindrit la vitesse angulaire due au soulèvement de l'affût.

----

§ 65. OBSERVATIONS SUR LA VITESSE V DU RECUL.

La vitesse V, donnée par l'équation (9),

$$\frac{V}{\mu} = \frac{(X - B\,l^2)(\cos\theta - f\sin\theta) - \gamma S(y + f\,y')}{S\{X - B\,l^2 - Sy(y + f\,y')\}}$$

devant être positive, les deux termes de la fraction, qui en exprime la valeur, sont de mêmes signes; mais le dénominateur est positif à cause de l'inégalité (31), on a donc pour le numérateur :

$$(X - B\,l^2)(\cos\theta - f\sin\theta) - \gamma S(y + f\,y') > 0 \quad (32).$$

L'équation (9) fait voir, que V diminue, lorsque γ, augmente. Ainsi, les affûts élevés, pour lesquels γ est considérable et la vitesse angulaire ω rapide, ont une faible vitesse V du recul.

Toutes choses égales d'ailleurs, les affûts très-bas, ceux de casemate et de marine, ont plus de stabilité, mais une vitesse de recul plus grande, que les affûts de Gribauval et de place-côte.

Supposons que le moment d'inertie X devienne infini, ou que l'on ait,

$$X = \infty.$$

Nous obtenons la valeur correspondante de V, en divisant tous les termes du 2ᵈ membre de l'équation (9) par X, et faisant ensuite $X = \infty$.

Il en résulte

$$\frac{V}{\mu} = \frac{(\cos\theta - f\sin\theta)}{S}$$

Cette valeur est la même, que celle que nous avons déjà obtenue, lorsque l'affût conserve ses appuis sur le sol. En effet, si le moment d'inertie est infini, le système ne peut être soulevé, et le recul est le même, que si l'affût conserve ses appuis. On peut d'ailleurs s'assurer directement, par l'équation (14), que l'on a simultanément ;

$$X = \infty \quad \text{et} \quad \omega = 0.$$

Nous apprécierons l'influence de S sur la valeur de V, en substituant dans l'équation (9) à X sa valeur $S(l^2 + y + y'^2)$; l'on obtient :

$$\frac{V}{\mu} = \frac{S\left[(l^2 + y^2 + y'^2)(\cos 0 - f\sin 0) - \gamma(y + f y')\right] - Bl^2(\cos 0 - f\sin 0)}{S\left[S\left\{l^2 + y'(y' - f y)\right\} - B l^2\right]} \tag{9bis}$$

Cette équation montre que V diminue, lorsque S augmente. On ralentit V et ω tout à la fois par une masse considérable du système.

Quel que soit donc le cas considéré, qu'il y ait soulèvement de l'affût, ou que l'affût conserve ses appuis sur le sol, on retarde le recul, par l'accroissement de la masse du système.

Nous avons vu, par l'équation 8bis, que l'expression $X - B l^2$, est indépendante de $B l^2$; cette observation, appliquée à l'équation (9), montre, que la valeur de V, est également indépendante de $B l^2$. Par conséquent le moment d'inertie des roues n'a aucune influence sur la rapidité du recul V.

Si l'on fait abstraction du moment d'inertie $B l^2$, l'équation (9) a la même forme que celle 9bis, § 28, relative aux mortiers sur affût traineau ; tout ce que nous avons dit à cette occasion étant applicable ici, nous n'y reviendrons pas.

§ 64. OBSERVATIONS SUR LA PERCUSSION VERTICALE E SUR L'ESSIEU.

———

Le second membre de l'équation (15)

$$\frac{E}{\mu} = \frac{B\,r'\,\{\,\gamma - y\,(\cos\theta - f\sin\theta\,\}}{X - B\,l^2 - y\,S\,(y + f\,y')}$$

se décompose en deux facteurs

$$B\,r' \quad \text{et} \quad \frac{\gamma - y\,(\cos\theta - f\sin\theta)}{X - B\,l' - y\,S\,(y + f\,y')}$$

Le second de ces facteurs, donne la valeur de $\dfrac{\omega}{\mu}$ et à été analysé au § 62 ; tout ce qui tend à l'augmenter ou à le diminuer influe dans le même sens sur la valeur de **E**, nous n'y reviendrons plus, réserves faites en ce qui concerne r', implicitement contenu dans **X**. Cette observation est confirmée par la forme de l'équation (11)

$$E = \omega\,B\,r'.$$

Le facteur $B\,r'$, fait voir que le choc vertical E augmente avec la masse B des roues. Ce sont effectivement les roues les plus pesantes qui fatiguent le plus leurs essieux, dans le sens vertical tout comme dans le sens horizontal, ainsi que nous le verrons plus tard.

Toutes choses égales d'ailleurs, la percussion E augmente avec la distance r' entre les points d'appui de la crosse et des roues. Toutefois r' est facteur au 1er degré dans le numérateur de la fraction (15) et au 2e degré dans la fonction X du dénominateur ; le dénominateur passé une certaine limite, croît donc plus rapidement avec r' que le numérateur. Mais remarquons, que E devient nulle tout aussi bien avec $r' = 0$ qu'avec $r' = \infty$.

Il s'ensuit qu'entre ces deux limites il y a une valeur de r' qui répond au maximum de E : on la déterminerait par la méthode des coëfficients différentiels.

§ 65. OBSERVATIONS SUR LA PERCUSSION HORIZONTALE E′ SUR L'ESSIEU.

L'équation (12)

$$E' = B V + \omega B r$$

contient deux termes au 2e membre : l'un $B V$ est la quantité de mouvement des roues engendrée par la vitesse V de recul de tout le système ; l'autre $\omega B r$, est la composante horizontale du choc imprimé aux roues par la vitesse angulaire ω de l'affût, § (58).

Le terme $B V$ augmente avec la masse B des roues et la vitesse V du recul.

Le terme $\omega B r$, croît avec la vitesse angulaire ω, la masse B, et le rayon r des roues.

En résumé la fatigue de l'essieu dans le sens horizontal augmente avec la vitesse du recul et celle du soulèvement de l'affût autour du point d'appui de la crosse, et avec la masse et la grandeur des roues.

Si nous substituons à ω sa valeur équation (14), le terme $\omega B r$ devient

$$\omega B r = \frac{\mu B r \{ \gamma - y (\cos \theta - f \sin \theta) \}}{X - B l^2 - y S(y + f y')}$$

La quantité r^2, est implicitement contenue dans X, et par conséquent au dénominateur de cette fraction, qui est d'une force semblable à celle du § précédent, si l'on met r à la place de r'. Il y a lieu de faire ici des raisonnements analogues concernant r.

Cette fraction devient nulle pour $r = 0$ tout comme pour $r = \infty$: entre ces deux limites, il y a une valeur de r qui répond au maximum de $\omega B r$: on la trouverait par la méthode des coëfficients différentiels.

Quoiqu'il en soit, dans la pratique, le terme de la fonction X, qui contient r^2, a pour valeur une faible partie de la valeur totale de cette fonction, tandis que r est facteur du numérateur. Il s'ensuit que dans les conditions du matériel de l'artillerie, $\omega B r$ croît réellement avec la grandeur du rayon r des roues.

§ 66. COMPARAISON ENTRE LA COMPOSANTE VERTICALE E ET CELLE HORIZONTALE E' DU CHOC CONTRE L'ESSIEU.

Nous avons vu à l'article I que l'affût conservait ses appuis sur le sol, lorsque le tir était élevé au-dessous de l'horizon, et que la percussion verticale E sur l'essieu s'exerçait du haut en bas. Si l'on diminue successivement θ, on arrive à une certaine valeur plus ou moins rapprochée de $\theta = 0$ pour laquelle on a :

$$y (\cos \theta - f \sin \theta) - \gamma = 0$$

ce qui répond à la condition $E = 0$.

En continuant de faire décroître θ, la percussion verticale E change de signe après avoir passé par zéro et s'exerce de *bas* en *haut*.

Si l'angle θ du tir, s'écarte peu de la direction horizontale, s'il est peu élevé au-dessus de l'horizon ou peu incliné au-dessous, comme c'est le cas ordinaire pour les canons, la percussion verticale E sur l'essieu aura peu d'importance et sera négligeable tandis que la percussion horizontale E' aura une intensité de beaucoup supérieure. Si l'on veut donc que les essieux des affûts de canons, résistent aux chocs initiaux du recul, il faut leur donner des dimensions plus fortes dans le sens horizontal que dans celui vertical. C'est l'inverse qu'il faudrait faire, si le tir était élevé comme celui des obusiers.

§ 67. OBSERVATIONS SUR LA PERCUSSION VERTICALE Q CONTRE LE POINT D'APPUI DE LA CROSSE SUR LE SOL.

L'équation (13)

$$Q = \mu \sin \theta + \omega y' S$$

montre, que la percussion verticale Q sur l'extrémité de la crosse, est égale à la composante verticale $\mu \sin \theta$ de l'impulsion μ, augmentée du choc $\omega y' S$, qui n'est autre chose que la composante verticale de la quantité de mouvement de rotation de tout le système autour du point d'appui de la crosse sur le sol.

Lors du soulèvement, le système n'a qu'un seul point de contact avec le sol, et ce point supporte à lui seul la composante verticale de la réaction de la poudre ajoutée à la composante verticale de la quantité de mouvement de rotation imprimée à la masse entière.

A angle du tir égal, le choc sur la crosse est donc plus violent lorsque l'affût est soulevé que quand il conserve ses appuis. Mais dans la construction ordinaire des affûts, le soulèvement ne peut avoir lieu que pour des angles θ positifs, fort petits, ou pour des angles négatifs : dans le 1er cas la composante $\mu \sin \theta$ est de peu de valeur, et dans le second cas cette composante $\mu \sin \theta$ devient négative. Il s'ensuit que dans le tir sous l'horizon la percussion Q est la différence entre les forces $\mu \sin \theta$ et $\omega\, y'\, S$.

L'angle θ croissant continuellement sous l'horizon, il y a une valeur pour laquelle on a $Q = 0$. On déterminera l'angle θ qui répond à cette valeur au moyen de l'équation

$$\frac{Q}{\mu} = \sin \theta + \frac{y'\, S \left\{ \gamma - y\, (\cos \theta - f \sin \theta) \right\}}{X - B\, l^2 - y\, S\, (y + f\, y')} \qquad (17)$$

et posant $Q = 0$ (17bis), exprimant les diverses lettres γ, d, d', etc., en fonction de θ et résolvant l'équation par rapport à θ.

Lorsque l'inclinaison θ aura la valeur donnée par l'équation (17bis), la percussion Q sera nulle, la crosse touchera simplement le sol sans le comprimer et glissera sur sa surface sans produire aucun frottement.

L'angle θ qui répond à l'équation (17bis) est négatif et concerne un tir sous l'horizon.

Si la déclinaison θ est plus forte que celle qui résulte de l'équation (17bis), on aura pour Q une valeur négative ou $Q < 0$, et la crosse au lieu de percuter le sol sera soulevée : dans ce cas le système entier suivra ce mouvement et perdra un instant tout contact avec le terrain.

Substituons dans l'équation (17) à X sa valeur

$$X = S\, (l^2 + y^2 + y'^2) \qquad \text{il vient}$$

$$\frac{Q}{\mu} = \sin\theta + \frac{y'\,S\,\big\{\,\gamma - y(\cos\theta - f\sin\theta)\,\big\}}{S\,\big\{\,l^2 + y'(y' - f\,y)\,\big\} - B\,l^2} \qquad (17^{\text{ter}})$$

On voit que Q augmente avec la masse S du système entier. La percussion sur la crosse est donc plus violente, toutes choses égales d'ailleurs, avec un matériel très-pesant.

L'ordonnée horizontale y' est au second degré au dénominateur de la fraction, et au 1er degré au numérateur : mais y' entre dans deux termes seulement du dénominateur et est facteur du numérateur entier.

Il s'ensuit que la partie fractionnaire de la valeur de Q est nulle pour $y' = 0$ et $y' = \infty$, et qu'entre ces deux limites il y a une valeur de y' qui répond au maximum de Q ; laquelle valeur on pourrait déterminer, par la méthode des coëfficients différentiels.

L'équation (17ter) montre que Q augmente avec γ. Des affûts élevés, pour lesquels γ est très-grand, éprouvent des chocs violents sur la crosse.

Le choc Q diminue lorsque le moment d'inertie $S\,l^2$ devient plus considérable.

Les chocs sur la crosse deviennent moins violents par la majoration du moment d'inertie du système.

Les équations

$$Q = \mu\sin\theta + \frac{y'S\big\{\mu\,\gamma - V\,y\,S\big\}}{X - B\,l^2} \qquad (19)$$

$$Q = \mu\sin\theta + \frac{y'\big\{\mu(\cos\theta - f\sin\theta) - V\,S\big\}}{y + f\,y'} \qquad (20)$$

font voir que Q diminue lorsque V augmente.

Les circonstances qui favorisent la vitesse V du recul, telles qu'une masse légère du système et un faible coëfficient du frottement, déterminent des chocs moins violents sur la crosse.

Remarquons que si l'on fait $B\,l^2 = 0$ dans l'équation

$$\frac{Q}{\mu} = \sin\theta + \frac{S\,y'\,\big\{\,\gamma - y(\cos\theta - f\sin\theta)\,\big\}}{X - B\,l^2 - S\,y(y + f\,y')} \qquad (17)$$

elle prend la forme de l'équation 11bis du § 28, relative aux mortiers sur affûts traîneaux.

Ainsi que nous l'avons déjà dit, des affûts sans roues, se comportent comme des affûts traineaux.

Remarquons que les vitesses V et ω, et les chocs E, E' et Q sont indépendants du mode de liaison de la pièce avec l'affût. Nous avons supposé que la position relative de la pièce et de l'affût était invariable : le recul doit donc se faire comme si ces deux objets ne constituaient qu'un seul et même corps solide. Nous examinerons plus tard les problèmes où le canon tourne autour de l'axe des tourillons, soit que la culasse s'écarte de la vis de pointage dans le recul, soit qu'elle s'en rapproche ; le contact n'existant pas au moment du tir entre la vis et le canon.

§ 68. OBSERVATIONS SUR LA PERCUSSION P CONTRE LA VIS DE POINTAGE.

L'équation (26)

$$P = \frac{\mu\,a - C\,V\,d - \omega C \left\{ L + U \right\}}{(c - e)\sin\alpha + (c' - e')\cos\alpha}$$

fait voir que la percussion P, sur la vis de pointage, augmente avec le produit $\mu\,a$, de l'impulsion μ, par l'abaissement a de l'axe des tourillons ; et diminue lorsque la masse C du canon, la vitesse de recul V et la vitesse angulaire ω sont plus considérables.

Ainsi les efforts employés dans le tir à faire reculer le canon ou à le soulever avec l'affût, sont perdus pour l'action de la culasse sur la vis de pointage.

Il en résulte que, toutes choses égales d'ailleurs, la vis de pointage est percutée moins fortement lorsque l'affût est soulevé que quand il conserve ses appuis sur le sol.

La percussion P serait nulle si l'on avait

$$\mu\,a - C\,V\,d - \omega C \left\{ L + U \right\} = 0$$

Dans ce cas, la pièce suivrait le mouvement de rotation de l'affût, en conservant son contact avec la vis de pointage, mais sans exercer la moindre percussion.

Le problème traité dans le présent article est dans la supposition que la culasse reste en contact avec la vis de pointage, ce qui implique la condition

$$P = \text{ou} > 0$$

ou

$$\mu\, a - \mathrm{C\,V}\, d - \omega\,\mathrm{C}\,\big\{\,\mathrm{L} + \mathrm{U}\,\big\} = \text{ou} > 0 \qquad (26^{\text{bis}})$$

Si le contraire avait lieu, si l'on trouvait,

$$\mu\, a - \mathrm{C\,V}\, d - \omega\,\mathrm{C}\,\big\{\,\mathrm{L} + \mathrm{U}\,\big\} > 0 \qquad (26^{\text{ter}})$$

on en conclurait, que les hypothèses admises n'existent pas, et que la culasse se sépare de la vis de pointage, ce qui constitue une circonstance, que nous traiterons à l'article V de cette deuxième partie.

L'inégalité (26ter) serait satisfaite si a était négative, c'est-à-dire, si l'axe des tourillons était au-dessus de celui de l'âme : dans ce cas, non-seulement la percussion sur la vis de pointage serait nulle, mais, bien plus, la culasse s'en écarterait.

Le terme négatif du numérateur de l'équation (26)

$$- \omega\,\mathrm{C}\,(\mathrm{L} + \mathrm{U}) = - \omega\,\mathrm{C}\,\big\{\,\mathrm{K}^2 + d^2 + d'^2 + c\, d - c'\, d'\,\big\}$$

montre, que P décroît lorsque la quantité entre parenthèses augmente. Ainsi, on diminue la percussion sur la vis de pointage, en rendant plus considérable le moment d'inertie du canon $\mathrm{C}(\mathrm{K}^2 + d^2 + d'^2)$ relativement à l'axe des tourillons. A calibre et poids égaux et *à fortiori* avec un poids plus fort, les canons allongés ont un plus grand moment d'inertie que les canons courts et fatiguent moins la vis de pointage.

Si l'abaissement a de l'axe des tourillons était nul, la percussion P sur la vis de pointage ne serait pas nécessairement nulle pour cela. En effet, lorsque le centre de gravité de la pièce descend plus bas que l'axe des tourillons, l'ordonnée verticale d change de signe, et l'équation (26) devient, après avoir substitué à $\mathrm{L} + \mathrm{U}$ sa valeur,

$$\mathrm{P} = \frac{\mathrm{C\,V}\, d - \omega\,\mathrm{C}\,\big\{\,\mathrm{K}^2 + d^2 + d'^2 - c\, d - c'\, d'\,\big\}}{(c - c)\sin\alpha + (c' - c')\cos\alpha}$$

A l'inspection de cette formule, on conçoit la possibilité de rendre P positive. Même dans l'hypothèse que le centre de gravité de la pièce est au-dessus de l'axe des tourillons, il y a encore telles valeurs de c' et d' qui rendent P positive dans l'équation

$$ P = -\frac{CV\,d + \omega C \left\{ K^2 + d^2 + d'^2 + c\,d - c'\,d' \right\}}{(c - e)\sin\alpha + (c' - e')\cos\alpha} \,; $$

il suffit que l'on ait l'inégalité

$$ \omega\,c'\,d' > V\,d + \omega\,(K^2 + d^2 + d'^2 + c\,d). $$

On satisferait à cette inégalité en augmentant c' et d' autant que de besoin : c'est-à-dire en allongeant la flèche de l'affût de manière à accroître l'intervalle entre la crosse et la projection horizontale de l'axe des tourillons, et en augmentant dans la construction de la pièce la distance entre cet axe et le centre de gravité de la bouche-à-feu ; ces dispositions augmenteraient d' à cause de la relation

$$ d' = a'\cos 0 \qquad (\text{équation XVI}, \ \S\ 9) $$

qui résulte de l'hypothèse $a = 0$.

Ainsi, lorsque l'affût est soulevé, si même l'abaissement de l'axe des tourillons est nul, il peut y avoir percussion sur la vis de pointage :

1° Si le centre de gravité de la pièce est au-dessous de l'axe des tourillons.

2° Si la flèche est suffisamment longue et si le centre de gravité du canon est suffisamment en arrière de l'axe des tourillons.

Il est important de conserver à P une valeur positive, afin d'empêcher la pièce de saigner du nez. Ces considérations sur la formule (26) expliquent pourquoi certains obusiers de siége de 0,20 en fonte, très-pesants pour pouvoir résister à de fortes charges, mais très-courts afin de permettre le placement de l'obus avec le bras seul, sans l'aide d'un refouloir, pourquoi, disons-nous, ces pièces saignaient du nez malgré la masse énorme de métal qu'elles présentaient autour de la chambre ; en effet, ces obusiers, ayant l'âme très-courte, avaient un faible moment d'inertie et leur centre de gravité était très-rapproché de l'axe des tourillons.

Le choc P est en raison inverse du dénominateur

$$(c - e)\sin\alpha + (c' - e')\cos\alpha.$$

Nous renvoyons à ce que nous avons dit concernant cette expression au § 45.

Supposons $\omega = 0$, dans l'équation (26), nous retombons sur l'équation (28) des § (57) et (45), relative au cas où l'affût conserve ses appuis sur le sol.

Nous avons vu, par l'équation (8bis), que l'expression

$$X - B\,l^2,$$

toute réduction faite, est indépendante du terme $B\,l^2$; cette remarque, appliquée à l'équation (29), montre que le choc P n'est pas influencé par le moment d'inertie $B\,l^2$ des roues.

Substituons, dans l'équation (29), à X sa valeur

$$S(l^2 + y^2 + y'^2),$$

il vient ;

$$
\frac{P}{\mu} = \frac{a}{(c-e)\sin\alpha + (c'-e')\cos\alpha}
$$

$$
-\frac{C\,d\left[\left\{ S(l^2+y^2+y'^2)-B\,l^2\right\}(\cos\theta - f\sin\theta) - \gamma\,S(y+fy')\right]}{S\left\{(c-e)\sin\alpha + (c'-e')\cos\alpha\right\}\left[S\left\{l^2+y'(y'-fy)-B\,l^2\right\}\right]}
$$

$$
-\frac{C(L+U)\left\{\gamma - y(\cos\theta - f\sin\theta)\right\}}{\left\{(c-e)\sin\alpha + (c'-e')\cos\alpha\right\}\left[S\left\{l^2+y(y'-fy)\right\}-B\,l^2\right]} \qquad (29^{\mathrm{bis}})
$$

Il résulte, de cette formule, que le choc P est moins violent lorsque a, S et f diminuent.

Le facteur $C(L+U)$ contient le moment d'inertie du canon, relativement à l'axe des tourillons, on en conclut, comme tantôt, que P diminue quand ce moment augmente.

§ (69) OBSERVATIONS SUR LA PERCUSSION VERTICALE T CONTRE LES ENCASTREMENTS DES TOURILLONS.

Il résulte de l'équation (27)

$$T = P \cos \alpha - \mu \sin \theta - \omega\, C\, (c' - d') ,$$

que la percussion verticale T, suivant l'axe des tourillons, est égale à la composante verticale $P \cos \alpha$ de la percussion sur la vis de pointage diminuée :

1° De la composante verticale $\mu \sin \theta$ de la réaction de la charge contre la pièce.

2° De la composante verticale $\omega\, C\, (c' - d')$ de la quantité de mouvement de rotation du canon, autour du point d'appui de la crosse sur le sol.

Si l'on avait

$$P \cos \alpha - \mu \sin \theta - \omega\, C\, (c' - d') = 0 ,$$

la percussion verticale T serait nulle, et les tourillons ne recevraient d'autre choc que celui horizontal T'.

Ce qu'il y a de nuisible, dans la percussion T, c'est qu'elle s'exerce de bas en haut contre les susbandes : il importe donc de procurer au système le plus de stabilité possible, et de favoriser en même temps sa vitesse de recul V parallèlement au sol, parce que c'est le moyen de diminuer P.

Si l'on pose $\omega = 0$, dans l'équation (27), elle devient au signe près, la même que l'équation (29) du § 57, relative au cas où l'affût conserve ses appuis. Effectivement, s'il n'y a pas de rotation l'affût n'est pas soulevé : la différence du signe provient de ce que, dans le problème actuel, nous avons supposé que la percussion T s'exerçait de bas en haut, tandis qu'au § (57), cette percussion se produit en sens inverse du haut en bas.

§ 70. OBSERVATIONS SUR LA PERCUSSION HORIZONTALE T' CONTRE LES ENCASTREMENTS DES TOURILLONS.

On voit , par l'équation (28)

$$T' = \mu \cos \theta + P \sin \alpha - C\,V - \omega\,C\,(\,c + d\,),$$

que la percussion horizontale T', suivant l'axe des tourillons, est égale à la somme des composantes horizontales $\mu \cos \theta$, de la réaction contre le canon, et $P \sin \alpha$, de la percussion contre la vis de pointage ; laquelle somme doit être diminuée de la quantité de mouvement de recul $C\,V$ de la pièce, et de la composante horizontale $\omega\,C\,(\,c + d\,)$ de la quantité de mouvement de rotation du canon.

De même que le choc vertical T est diminué , par les composantes verticales des quantités de mouvement réellement imprimées au canon , ainsi le choc horizontal T' est atténué, par les composantes horizontales des quantités de mouvement imprimées à la pièce.

Si le système était immobile, la réaction contre les tourillons serait formidable : c'est ce qui arrive pour les mortiers de gros calibre , tirant sous des angles élevés , pour lesquels le recul est fort petit : on a dû ajouter des renforts aux tourillons, pour les empêcher de fléchir par l'effet du tir.

La même nécessité de protéger les tourillons, lorsque le recul est empêché, a fait adopter un moyen particulier de fixer les canons , lorsqu'on veut les utiliser, pour obtenir des portées extrêmes , en tirant sous $45°$, comme les autrichiens l'ont fait pour réduire la place de Venise. Ce moyen consiste à enterrer le canon en partie, et à arrêter le recul par une forte charpente, placée sous la culasse. Dans ce dispositif on se garde bien de soutenir le canon par les tourillons.

§ 71. CAS PARTICULIER DU TIR HORIZONTAL.

Les formules se simplifient, lorsque le tir est parallèle, parce que plusieurs termes disparaissent, à cause des valeurs

$$\theta = 0 \, , \quad \sin\theta = 0 \quad \text{et} \quad \cos\theta = 1.$$

Ce tir, intermédiaire entre celui élevé et celui incliné sous l'horizon, convient pour étudier l'influence que les parties constantes de la pièce, de l'affût et des roues, ont sur les percussions initiales, produites dans le tir des canons, dont les trajectoires sont rasantes.

Dans l'hypothèse $\theta = 0$, les droites représentées par γ, d, d', y et y' ont les valeurs particulières suivantes :

$$\gamma = c + a$$
$$d = o$$
$$d' = a'$$

$$y = \frac{C(c+a) + A g + B r}{S}$$

$$y' = \frac{C(c'-a') + A g' + B r'}{S}$$

De plus les expressions $X = S(I^2 + y^2 + y'^2)$, U et L indiquent de ce qui suit :

$$X = C \left\{ K^2 + (c+a)^2 + (c'-a')^2 + A \left\{ K'^2 + g^2 + y'^2 \right\} \right\} + B(l^2 + r^2 + r'^2)$$
$$U = c\,a - c'\,a'$$
$$L = K^2 + a^2 + a'^2$$

Nous supposerons en outre pour plus de simplicité $\alpha = 0$.

Nous substituerons donc, dans les équations précédentes, à θ, d, d', γ et α, leurs valeurs ci-dessus, et pour abréger, nous conserverons les lettres y, y', X, I, L et U, mais auxquelles nous attacherons les significations que nous venons de faire connaître. On obtient ainsi :

$$\frac{V}{\mu} = \frac{S\left[\,I^2 - y(c + a - y) + y'\big\{y' - f(c + a)\big\}\,\right] - B\,l^2}{S\left[\,S\big\{I^2 + y'(y' - fy)\big\} - B\,l^2\,\right]} \qquad (A)$$

$$\omega = \frac{\mu - V\,S}{S\,(y - fy')} = \frac{\mu\,(a + c) - y\,V\,S}{X - B\,l^2} \qquad (B)$$

$$E = \omega\,B\,r' \qquad (C)$$

$$E' = B\,V + \omega\,B\,r \qquad (D)$$

$$Q = \omega\,y'\,S \qquad (E)$$

$$P = \frac{a\,(\mu - CV) - \omega\,C\,(L + U)}{c' - c'} \qquad (F)$$

$$T = P - \omega\,C\,(c' - a') \qquad (G)$$

$$T' = \mu - C\big\{V + \omega\,(c + a)\big\} \qquad (H)$$

Ces équations suffisent à trouver les huit inconnues du problème, savoir,

$$V,\ \omega,\ E,\ E',\ Q,\ P,\ T\ \text{et}\ T',$$

parce que la première est exprimée en fonction des données du problème, et que les autres sont connues au moyen des solutions qui les précèdent.

Mais il est intéressant, au point de vue de l'analyse, de pouvoir calculer directement ces inconnues, par les données constantes du système formé du canon, de l'affût et des roues réunis ; de plus, il est utile d'avoir ces inconnues, exprimées en fonction d'une seule, la vitesse V, que l'on peut calculer la première.

Ces considérations nous engagent à ajouter les équations suivantes :

$$\frac{\omega}{\mu} = \frac{c + a - y}{S\big\{I^2 + y'(y' - fy)\big\} - B\,l^2} \qquad (B')$$

$$\frac{E}{\mu} = \frac{B\,r'\,(c + a - y)}{S\big\{I^2 + y'(y' - fy)\big\} - B\,l^2} \qquad (C')$$

$$\frac{E'}{\mu} = \frac{B\left[\, S \left\{ (I^2 + y^2 + y'^2) + r(c + a - y) - (c + a)(y + fy') \right\} - Bl^2 \right]}{S\left\{ I^2 + y'(y' - fy) \right\} - B\,l^2} \qquad (D')$$

$$\frac{Q}{\mu} = \frac{y'\,S\,(c + a - y)}{S\left\{ I^2 + y'(y' - fy) \right\} - B\,l^2} \qquad (E')$$

$$\frac{P}{\mu} = \frac{a}{c' - e'} - \frac{C\left[\, a \left\{ S(I^2 + y^2 + y'^2) - Bl^2 - S(c + a)(y + fy') \right\} + S(L + U)(c + a - y) \right]}{S(c' - e')\left[\, S\left\{ I^2 + y'(y' - fy) \right\} - B\,l^2 \right]} \qquad (F')$$

$$Q = \frac{y'\,S\left\{ \mu(c + a) - y\,V\,S \right\}}{X - B\,l^2} = \frac{y'\left\{ \mu - V\,S \right\}}{y + fy'} \qquad (E'').$$

Les percussions et les vitesses imprimées étant connues, cherchons les valeurs qu'elles prennent dans différentes hypothèses.

Pour reconnaître l'influence de S dans l'équation (A), divisons les deux termes du 2ᵈ membre par S, et posons ensuite $S = \infty$: il en résulte $V = 0$: la vitesse V diminue à mesure que la masse entière S du système augmente.

Le numérateur de la fraction A, a deux termes qui contiennent y, l'un positif a y comme facteur au 2ᵈ degré, l'autre négatif est fonction de y au 1ᵉʳ degré : le dénominateur de cette fraction a un seul terme, contenant y, et il est négatif.

Il s'ensuit que V augmente en même temps que y.

Soit :

$$c + a - y = 0$$

ce qui suppose, que le centre de gravité du système entier, se trouve sur l'axe de l'âme : il en résulte les conséquences suivantes :

1° En vertu de l'équation (A)

$$\frac{V}{\mu} = \frac{1}{S}$$

$$V = \frac{\mu}{S}$$

La vitesse du recul est égal au quotient de la quantité de mouvement du canon pendule divisée par la masse entière à mouvoir. C'est la plus 'grande valeur que V puisse obtenir.

2° En vertu de l'équation (B')

$$\omega = 0.$$

Ainsi dans le tir parallèle, si la réaction des gaz rencontrait le centre de gravité du système entier sur l'axe de l'âme, l'affût conserverait ses appuis.

3° En vertu de l'équation (C')

$$E = 0.$$

La percussion verticale sur l'essieu serait nulle.

4° En vertu de l'équation (D) et de la valeur précédente de

$$V = \frac{\mu}{S},$$

$$E' = \frac{B\,\mu}{S}.$$

C'est le choc horizontal le plus violent contre l'essieu.

5° En vertu de l'équation (E')

$$Q = 0.$$

La percussion sur la crosse serait nulle.

6° En vertu de l'équation (F)

$$P = \frac{a\,\mu\,(S - C)}{S\,(c' - e')}.$$

Cette formule montre de la manière la plus simple l'influence des quantités a, S, C et $c' - e'$ sur la percussion contre la vis de pointage.

7° En vertu de l'équation (G) et de la valeur précédente de P

$$T = \frac{a\,\mu\,(S - C)}{S\,(c' - e')}.$$

La percussion verticale T, suivant l'axe des tourillons, est égale à celle contre la vis de pointage, et dirigée contre les susbandes de bas en haut.

8° En vertu de l'équation (H)

$$T' = \mu - C\,V.$$

La percussion horizontale, suivant l'axe des tourillons, est égale à la réaction μ de la charge, diminuée de la quantité de mouvement de recul $C\,V$ du canon.

Supposons

$$y = 0\,,$$

ce qui arriverait si l'affût se mouvait sur un chassis, et avait une partie de sa masse au dessous, de sorte que le centre de gravité du système entier se trouvât sur le plan de ce chassis.

Dans cette hypothèse on trouve :

1° Par l'équation (A)

$$\frac{V}{\mu} = \frac{S\left\{I^2 + y'^2 - fy'(c+a)\right\} - B\,l^2}{S\left\{S(I^2 + y'^2) - B\,l^2\right\}} :$$

C'est la plus petite valeur que V puisse avoir.

2° Par l'équation (B')

$$\frac{\omega}{\mu} = \frac{c+a}{S(I^2 + y'^2) - B\,l^2}.$$

C'est la plus forte valeur que ω puisse avoir.

3° Par l'équation (C')

$$\frac{E}{\mu} = \frac{B\,r'(c+a)}{S(I^2 + y'^2) - B\,l^2}.$$

C'est le choc vertical le plus violent contre l'essieu.

4° Par l'équation (D')

$$\frac{E'}{\mu} = \frac{B\left[S\left\{I^2 + y'^2 + (c+a)(r - fy')\right\} - B\,l^2\right]}{S\left\{S(I^2 + y'^2) - B\,l^2\right\}}.$$

5° Par l'équation (E')

$$\frac{Q}{\mu} = \frac{y' S (c + a)}{S (I^2 + y'^2) - B i^2}$$

6° Par l'équation (F')

$$\frac{P}{\mu} = \frac{a (S - C)}{S (c - c')} - \frac{C (c + a) (L + U - a f y')}{(c' - c') \} S (I^2 + y'^2) - B i^2 \}}$$

etc. , etc.

Dans la pratique du tir horizontal, l'ordonnée y est toujours plus grande que zéro et plus petite que $c + a$. Il en résulte que les valeurs que nous venons de donner sont des limites maxima et minima, entre lesquelles se trouvent les valeurs des percussions, qui ont réellement lieu dans le tir horizontal. Ces limites étant connues, l'étude des projets en deviendra plus facile.

ARTICLE IV.

Percussions qui ont lieu, lorsque les roues sont comprimées contre le sol, et que la culasse, n'étant pas en contact avec la vis de pointage, le canon prend un mouvement de rotation autour de l'axe des tourillons.

§ 72. MOUVEMENTS QUI ONT LIEU.

Il peut arriver, au moment où le coup part, que la culasse n'est plus en contact avec la vis de pointage : par exemple, lorsque celle-ci s'est détournée d'elle-même dans l'écrou, par suite de l'usure des filets ; la culasse n'étant plus retenue par la vis de pointage, le canon prend, par l'effet de l'explosion de la charge, un mouvement de rotation autour de l'axe des tourillons, et il en résulte des modifications dans la grandeur des percussions.

18

Le contact de la culasse avec la vis de pointage peut cesser, lorsque les roues sont comprimées contre le sol, et aussi quand l'affût est soulevé par l'effet du tir, et tourne autour du point d'appui de la crosse comme sur une charnière : de là deux sortes de problèmes. Nous nous occuperons dans cet article du premier d'entr'eux.

Les mouvements qui ont lieu, sont les suivants :

Tout le système se meut parallèlement au sol.

Le canon prend, autour de l'axe des tourillons, une certaine vitesse angulaire initiale, qui produit l'abaissement de la culasse.

La crosse comprimée verticalement, glisse sur le sol en produisant un frottement proportionnel à la percussion verticale.

Les roues comprimées tournent et glissent tout à la fois, parce que, dans les premiers instants du recul, leur vitesse de rotation à la circonférence est moindre que la vitesse de translation de l'affût.

Le frottement de glissement des roues est proportionnel à la percussion verticale avec laquelle elles compriment le sol.

---

§ 75. MISE EN ÉQUATION DES QUANTITÉS DE MOUVEMENT IMPRIMÉES AU CANON.

Aux notations des précédents articles, nous ajouterons :

ψ vitesse angulaire initiale du canon autour de l'axe des tourillons.

Remplaçons par — T et — T' la résistance de l'affût sur les tourillons, nous pouvons considérer le canon, comme un corps libre soumis à ces forces et à l'impulsion μ, et établir les conditions de l'équilibre, qui doit exister entr'elles et les quantités de mouvement imprimées.

Celles-ci au nombre de deux sont exprimées par :

C V quantité de mouvement de translation parallèlement au sol.

$\psi \, C \sqrt{d^2 + d'^2}$ quantité de mouvement de rotation du canon autour de l'axe des tourillons.

Les composantes de cette quantité de mouvement de rotation sont :

ψ C d' composante verticale, agissant de haut en bas.

ψ C d composante horizontale, agissant dans le sens du recul.

Les deux premières équations de l'équilibre sont :

$$\mu \sin 0 - T = \psi \, C \, d' \tag{1}$$

$$\mu \cos 0 - T' = C \, V + \psi \, C \, d \tag{2}$$

Formons l'équation des moments relativement à l'axe des tourillons, pour lequel les moments des forces T et T' sont nuls : nous aurons (équation VIII § 7)

$$\mu \, a = C \, V \, d + \psi \, C \, (k^2 + d^2 + d'^2) \tag{3}$$

Cette relation nous permet déjà d'exprimer ψ en fonction de V : il vient,

$$\psi = \frac{\mu \, a - C \, V \, d}{(k^2 + d^2 + d'^2)}. \tag{4}$$

---

§ 74. MISE EN ÉQUATION DES QUANTITÉS DE MOUVEMENT IMPRIMÉES AU SYSTÈME FORMÉ DU CANON EN DE L'AFFUT RÉUNIS.

Remplaçons, par des forces, la résistance du sol sous la crosse et celles des roues sur l'essieu, nous pouvons considérer le canon et l'affût réunis, comme un système libre, soumis à ces forces et à l'impulsion μ, et établir les conditions de l'équilibre, qui doit exister entr'elles et les quantités de mouvement réellement imprimées.

Les composantes des forces qui agissent sur ce système, sont :

Composantes verticales	Composantes horizontales
$\mu \sin 0$	$\mu \cos 0$
— E	— E'
— Q	— f Q

Les quantités de mouvement imprimées sont :

(A + C) V quantité de mouvement horizontale, imprimée au système formé du canon et de l'affût réunis ; (cette force est appliquée au centre de gravité de ce système, dont l'ordonnée verticale est h).

ψ C d' composante verticale   } de la quantité de mouvement de
ψ C d composante horizontale   } rotation du canon autour de l'axe
                                  } des tourillons.

Les deux premières équations de l'équilibre sont :

$$\mu \sin \theta - Q - E = \psi \, C \, d' \qquad (5)$$

$$\mu \cos \theta - f Q - E' = (A + C) \, V + \psi \, C \, d. \qquad (6)$$

Formons l'équation des moments, relativement au point d'appui de la crosse sur le sol, pour lequel les moments des forces Q et $f \, Q$ sont nuls; et appelons q le bras de levier de la quantité de mouvement de rotation du canon autour de l'axe des tourillons, pris relativement au point d'appui de la crosse : nous aurons la relation

$$\mu \gamma + E \, r' - E' \, r = (A + C) \, V \, h + q \, \psi \, C \sqrt{d^2 + d'^2} \qquad (7)$$

Dans cette équation, l'ordonnée verticale h a pour valeur

$$h = \frac{C \, (c + d) + A \, g}{A + C}.$$

Nous déterminerons le bras de levier q, au moyen de l'équation XV ($\S$ 8),

$$q = \frac{k^2 + x_1^2 + y_1^2 - x \, x_1 - y \, y_1}{\sqrt{x_1^2 + y_1^2}};$$

où les lettres représentent ce qui suit :

$$y = - c$$
$$r = - c'$$
$$y_1 = - d$$
$$x_1 = - d',$$

Il en résulte,

$$q = \frac{k^2 + d^2 + d'^2 + c \, d - c' \, d'}{\sqrt{d^2 + d'^2}}.$$

La substitution des valeurs de h et de q dans l'équation (9) conduit à la formule

$$\mu \gamma + E \, r' - E' \, r = V \left\{ C(c+d) + Ag \right\} + \psi \, C \left\{ k^2 + d^2 + d'^2 + c \, d - c' \, d' \right\} \quad (8)$$

§ 75. ON PEUT PARVENIR AUX ÉQUATIONS (5) (6) ET (8) PAR UNE MARCHE DIFFÉRENTE.

—

Dans la 1re partie de cet ouvrage, et dans les trois premiers articles de cette seconde partie, la position relative de la bouche-à-feu et de l'affût était invariable ; il nous a été loisible de considérer, à volonté, ces deux objets réunis comme ne faisant qu'un seul corps solide, et nous avons établi les conditions de l'équilibre, qui devait exister entre les forces et les résistances auxquelles ce système était soumis, et les quantités de mouvement imprimées.

En considérant le système du canon et de l'affût réunis, au lieu de l'affût seul, nous avons obtenu des équations exemptes des réactions intérieures, T, T' et P, sur les encastrements des tourillons et sur la vis de pointage et il en est résulté une élimination plus rapide.

Nous nous proposons de démontrer, que l'on arrive aux mêmes résultats, en considérant séparément les quantités de mouvement imprimées au canon et à l'affût. Mais ce procédé est plus lent, parce que les équations, ainsi obtenues, sont compliquées des réactions intérieures T et T', que nous devons éliminer. On voit à priori, pourquoi on ne comprend pas les réactions intérieures parmi les forces auxquelles le système du canon et de l'affût réunis est soumis : en effet, si la force verticale intérieure $+$ T, par exemple, agit sur l'affût, il en est une autre également verticale et directement opposée $-$ T, qui agit sur le canon ; ces deux forces se détruisent dans les équations relatives à l'équilibre du système binaire, formé du canon et de l'affût, et il n'en reste plus de trace après la réduction des termes : on peut appliquer le même raisonnement à la force T'.

Recherchons les quantités de mouvement imprimées à l'affût seulement.

Les forces qui agissent sur l'affût sont, les percussions des tourillons, la résistance des roues au choc de l'essieu, et celle du sol sur la crosse. En introduisant ces forces dans les calculs, nous pouvons considérer l'affût, comme un corps libre soumis à leur action, et établir les conditions de l'équilibre, qui doit exister entre ces forces et les quantités de mouvement imprimées.

Les composantes verticales des forces qui agissent sur l'affût sont :

$$+ \; T$$
$$- \; Q$$
$$- \; E.$$

Les composantes horizontales des forces qui agissent sur l'affût sont :

$$+ \; T'$$
$$- \; f \, Q$$
$$- \; E'.$$

La quantité de mouvement, imprimée à l'affût est AV, elle provient de la vitesse horizontale V qui lui est communiquée.

Les deux premières équations de l'équilibre sont :

$$T - Q - E = 0 \qquad (A)$$
$$T' - f \, Q - E' = A \, V. \qquad (B)$$

Formons pour 3ᵐᵉ équation, celle des moments relativement au point d'appui de la crosse sur le sol : il vient,

$$- \, T \, c' + T' \, c + E \, r' - E' \, r = A \, V \, g. \qquad (C)$$

Ajoutons membre à membre les équations (1) et (A)

$$T - Q - E = 0$$
$$\mu \sin \theta - T = \psi \, C \, d'$$

$$\overline{\mu \sin \theta - Q - E = \psi \, C \, d'}$$

On trouve pour résultat la formule (3).

Ajoutons membre à membre les équations (B) et (2).

$$T' - f \, Q - E' = A \, V$$
$$\mu \cos \theta - T' = C \, V + \psi \, C \, d$$

$$\overline{\mu \cos \theta - f \, Q - E' = (A + C) \, V + \psi \, C \, d}$$

on obtient pour résultat la formule (6).

Éliminons T et T' de l'équation (C) à l'aide des formules (1) et (2) on a :

$$\mu\left\{-c'\sin\theta + c\cos\theta\right\} + \Psi\, C\left\{c'\,d' - c\,d\right\} + E\,r' - E'\,r' =$$
$$= V\,(C\,c + A\,g)\;;$$

ajoutons l'équation (5)

$$\mu\,a = C\,V\,d + \psi\,C\,(k^2 + d^2 + d'^2):$$

on a ,

$$\mu\,(a - c'\sin\theta + c\cos\theta) + E\,r' - E'\,r = V\left\{C\,(c+d) + A\,g\right\} +$$
$$+ \Psi\,C\left\{k^2 + d^2 + d'^2 - c'\,d' + c\,d\right\}.$$

Introduisons dans cette formule la valeur connue de γ, donnée par la relation ,

$$\gamma = a + c\cos\theta - c'\sin\theta\;;$$

il en résulte ,

$$\mu\,\gamma + E\,r' - E'r = V\left\{C\,(c+d) + A\,g\right\} + \Psi\,C\left\{k^2 + d^2 + d'^2 + cd - c'd'\right\},$$

équation qui est la reproduction exacte de la relation (8).

c. q. f. d.

---

§ 76. MISE EN ÉQUATION DES PERCUSSIONS EXERCÉES SUR LES ROUES.

Les notations sont les mêmes qu'au § 55, et les roues se trouvent dans les mêmes circonstances; il y a donc lieu d'adopter les équations (5), (6), (7) et (8) de ce paragraphe. Nous poserons :

$$E - R = 0 \qquad\qquad (9)$$
$$E' - f\,R = B\,z + \varphi\,B\,r \qquad\qquad (10)$$
$$E'\,r = \varphi\,B\,(i^2 + r^2) + B\,r\,z \qquad\qquad (11)$$
$$V = \varphi\,r + z. \qquad\qquad (12)$$

---

§ 77. RÉSOLUTION DES ÉQUATIONS PRÉCÉDENTES.

Nous simplifierons les formules, en employant les abréviations suivantes :

$$S = A + B + C$$

$$y = \frac{C(c + d) + A g + B r}{S}$$

$$L = k^2 + d^2 + d'^2 = k^2 + a^2 + a'^2$$

$$U = c\, d - c'\, d'.$$

On parvient par l'élimination aux formules ci-après :

$$\frac{V}{\mu} = \frac{L(\cos\theta - f\sin\theta) - a(d - f\, d')}{L S - d\, C(d - f\, d')} \tag{13}$$

$$\psi = \frac{\mu\, a - d\, C V}{C L} \tag{14}$$

$$R = E = \frac{y\, V S + \psi\, C(L + U) - \mu\,\gamma}{r' - f\, r} \tag{15}$$

$$E' = B V + f\, E \tag{16}$$

$$Q = \mu \sin\theta - E - \psi\, C\, d' \tag{17}$$

$$\varphi = \frac{f\, r\, E}{B\, l^2} \tag{18}$$

$$S = V - \varphi\, r \tag{19}$$

$$T = \mu \sin\theta - \psi\, C\, d' \tag{20}$$

$$T' = \mu \cos\theta - C V - \psi\, C\, d \tag{21}$$

§ 78. RÉPERTOIRE DE FORMULES.

Il est utile d'avoir les inconnues, exprimées directement en fonction des données du problème, et de conserver quelques unes des relations, auxquelles on parvient dans le cours de l'élimination.

Nous donnons les formules qui suivent :

$$\frac{\psi}{\mu} = \frac{aS - dC(\cos\theta - f\sin\theta)}{C\left\{LS - dC(d - fd')\right\}} \qquad (22)$$

$$\frac{E}{\mu} = \frac{S\left[yL(\cos\theta - f\sin\theta) + a\left\{L + U - y(d \quad fd')\right\}\right]}{(r' - fr)\left\{LS - dC(d - fd')\right\}} - \frac{dC(L + U)(\cos\theta - f\sin\theta)}{(r' - fr)\left\{LS - dC(d - fd')\right\}} - \frac{\gamma}{r' - fr} \qquad (23)$$

$$\frac{E'}{\mu} = \frac{\dfrac{B\left\{L(\cos\theta - f\sin\theta) - a(d - fd')\right\}}{LS - dC(d - fd')} + fS\left[yL(\cos\theta - f\sin\theta) + a\left\{L + U - y(d - fd')\right\}\right]}{(r' - fr)\left\{LS - dC(d - fd')\right\}} - \frac{fdC(L + U)(\cos\theta - f\sin\theta)}{(r' - fr)\left\{LS - dC(d - fd')\right\}} - \frac{\gamma}{r' - fr} \qquad (24)$$

$$\frac{Q}{\mu} = \left\{ \sin\theta - \frac{S\left[yL(\cos\theta - f\sin\theta) + a\left\{L + U - y(d - fd')\right\}\right]}{(r' - fr)\left\{LS - dC(d - fd')\right\}} + \frac{dC(L + U)(\cos\theta - f\sin\theta)}{(r' - fr)\left\{LS - dC(d - fd')\right\}} + \frac{\gamma}{r' - fr} - \frac{d'\left\{aS - dC(\cos\theta - f\sin\theta)\right\}}{LS - dC(d - fd')} \right\} \qquad (25)$$

19

$$\frac{T}{\mu} = \sin\theta - \frac{d'\left\{ a\,S - d\,C\,(\cos\theta - f\sin\theta)\right\}}{L\,S - d\,C\,(d - f\,d')} \tag{26}$$

$$\frac{T'}{\mu} = \cos\theta - \frac{a\,d\,S + C\left\{ (L - d^2)(\cos\theta - f\sin\theta) - a(d - f\,d')\right\}}{L\,S - d\,C\,(d - f\,d)} \tag{27}$$

$$\frac{\varphi}{\mu} = \left\{ \frac{f\,r\,S\left[y\,L\,(\cos\theta - f\sin\theta) + a\left\{ L + U - y(d - f\,d')\right\}\right]}{B\,l^2\,(r' - f\,r)\left\{ L\,S - d\,C\,(d - f\,d')\right\}} \right. \\ \left. - \frac{f\,r\,d\,C\,(L + U)(\cos\theta - f\sin\theta)}{B\,l^2(r' - f\,r)\left\{ L\,S - d\,C\,(d - f\,d')\right\}} - \frac{f\,r\,\gamma}{B\,l^2(r' - f\,r)} \right. \tag{28}$$

$$\varphi = \frac{r\,(E' - B\,V)}{B\,l^2} \tag{29}$$

etc. , etc.

---

§ 79. Percussion exercée par la culasse lorsqu'elle rencontre la vis de pointage, le canon étant animé de la vitesse angulaire initiale ψ autour de l'axe des tourillons.

L'intervalle entre la culasse et la vis de pointage étant supposé très-petit, la vitesse initiale de rotation du canon autour de l'axe des tourillons, n'est pas sensiblement modifiée au moment où la pièce vient heurter contre la vis. Nous nous proposons de calculer l'intensité de ce choc.

Le moment du choc du canon contre la vis de pointage est exprimé par (équation VIII, § 7).

$$\psi\,C\,(K^2 + a^2 + a'^2) = \psi\,C\,L \tag{30}$$

On aura le choc lui-même en divisant ce moment par la

distance $\sqrt{(c+e)^2 + (c'-e')^2}$ entre la tête de la vis de pointage et l'axe des tourillons.

La percussion de la culasse contre la vis de pointage a donc pour valeur

$$\frac{\psi\, C\, L}{\sqrt{(c-e)^2 + (c'-e')^2}} \qquad (51)$$

Cette force est dirigée perpendiculairement à la droite menée de l'axe des tourillons à la tête de la vis de pointage.

Soit δ l'angle que fait cette droite avec l'horizon, et supposons que la vis de pointage est normale au sol, ce qui revient à admettre $\alpha = 0$.

La direction, de la percussion sur la vis de pointage, fera avec la verticale un angle δ, égal au précédent. Nous avons vu ($\S$ 45) que l'on a

$$\operatorname{tg} \delta = \frac{c - e}{c' - e'} \qquad (52)$$

d'où

$$\sin \delta = \frac{c - e}{\sqrt{(c-e)^2 + (c'-e')^2}} \qquad (53)$$

$$\cos \delta = \frac{c' - e'}{\sqrt{(c-e)^2 + (c'-e')^2}} \qquad (54)$$

Nommons R la résistance de la vis de pointage : la composante de cette résistance suivant la direction du choc de la culasse, a pour expression $R \cos \delta$. Cette composante devant faire équilibre à ce choc, on a l'égalité :

$$R \cos \delta = \frac{\psi\, C\, L}{\sqrt{(c-e)^2 + (c'-e')^2}}$$

et en vertu de la relation (54)

$$R = \frac{\psi\, C\, L}{c' - e'} \qquad (55)$$

Substituant à ψ sa valeur (équation 22) il vient

$$\frac{R}{\mu} = \frac{L \left\{ a\,S - d\,C(\cos\theta - f\sin\theta) \right\}}{(c' - e')\left\{ L\,S - d\,C(d - f\,d') \right\}} \qquad (56)$$

L'équation (56), exprime la résistance R dont la vis de pointage doit être capable pour supporter le choc de la culasse. Il est intéressant de comparer cette force à la percussion P, qu'éprouve cette vis lorsqu'elle est en contact avec la pièce au moment où le coup part, ce qui empêche la bouche-à-feu de tourner sur l'axe des tourillons.

Pour établir cette comparaison, prenons la valeur de P (équation 26 du § 58) après avoir fait $\alpha = 0$, afin que la vis soit verticale, comme on l'a supposé dans le calcul de la valeur de R. On a

$$\frac{P}{\mu} = \frac{a\,S - d\,C(\cos \theta - f \sin \theta)}{S(c' - e')}$$

Il en résulte pour le rapport de R à P :

$$\frac{R}{P} = \frac{L\,S}{L\,S - d\,C(d - f\,d')} \qquad (57)$$

Le rapport $\frac{R}{P}$ est plus grand que l'unité, tant que d est positive : il est plus petit que l'unité lorsque d est négative. En d'autres termes, le choc R est supérieur à P, lorsque le centre de gravité du canon, est au-dessus du plan horizontal passant par l'axe des tourillons ; et ce rapport est inverse, quand le centre de gravité du canon est à un niveau inférieur à l'axe des tourillons, parce que d changeant de signe, le dénominateur de l'équation (57) devient

$$L\,S + d\,C(d - f\,d').$$

Le rapport $\frac{R}{P}$ serait égal à l'unité, si l'on avait $d = 0$, ou si le centre de gravité du canon était au même niveau que l'axe des tourillons. Dans ce cas le choc de la culasse aurait lieu perpendiculairement à l'axe de la vis de pointage.

Le tir devant s'effectuer, sous différents angles, il est important que le choc R ne puisse jamais être plus grand que P : à cet effet, il faut :

1° Que la vis de pointage et son écrou soient en bon état, afin que la vis ne puisse se détourner d'elle même après le pointage effectué.

2° Que la prépondérance de la culasse sur la volée soit assez forte pour faire appuyer constamment la culasse sur la vis de pointage.

On déduit de la relation (57) que le rapport $\dfrac{R}{P}$ augmente avec la masse C du canon, lorsque d est positive. Nous avons vu, dans les articles précédents, relatifs au cas où la culasse est en contact avec la vis de pointage, que l'on ménageait cette vis, par l'emploi de bouches-à-feu massives, et nous voyons au contraire que ces fortes masses peuvent occasionner des chocs plus violents lorsque ce contact n'a pas lieu au moment du tir.

Reprenons l'équation (22)

$$\frac{\psi}{\mu} = \frac{a\,S - d\,C\,(\cos\theta - f\sin\theta)}{C\left\{\,L\,S - d\,C\,(d - f\,d')\,\right\}}$$

Soit $\dfrac{1}{n}$ le rapport de la masse C du canon à la masse totale S, en sorte que l'on ait :

$$\frac{C}{S} = \frac{1}{n}$$

d'où
$$C = \frac{S}{n}$$

et exprimons C dans l'équation précédente en fonction de S, il vient :

$$\frac{\psi}{\mu} = \frac{n\left\{\,n\,a - d\,(\cos\theta - f\sin\theta)\,\right\}}{S\left\{\,n\,L - d\,(d - f\,d')\,\right\}}$$

Nous voyons que ψ augmente en même temps que n. Ainsi, pour une masse donnée S du système, la vitesse de rotation du canon sera d'autant plus grande que la bouche-à-feu possédera moins de masse.

Le rapport $\dfrac{1}{n}$ ne variant pas, la vitesse ψ sera d'autant plus faible que la masse entière S sera plus considérable. Il en résulte que, toutes choses égales d'ailleurs, la vitesse angulaire ψ sera moins forte, à calibre égal, pour les canons de siége que pour ceux de campagne.

La vitesse ψ diminue à mesure que L augmente, ou que le moment d'inertie du canon croît. A masse et charge égales, la vitesse angulaire ψ est moins prononcée pour les canons longs que pour les canons courts.

La vitesse ψ croît en même temps que l'abaissement a de l'axe des tourillons devient plus considérable; plus cet abaissement est grand, plus rapide est la vitesse de rotation du canon, si la culasse n'est pas en contact avec la vis de pointage au moment du tir, et plus violente sera la percussion lorsque la culasse rencontrera la vis.

Supposons $\theta = 0$ dans l'équation (22), la valeur de l'ordonnée verticale d est dans ce cas $d = a$, d'où

$$\frac{\psi}{\mu} = \frac{a\,(S - C)}{C\left\{ L\,S - C\,a\,(a - f\,d')\right\}}$$

Le facteur $S - C$ étant essentiellement positif, il s'ensuit que, dans le tir horizontal, la culasse s'abaisse vers la vis de pointage : mais l'affût étant toujours soulevé dans ce tir, de même que pour les angles θ inclinés sous l'horizon, cette hypothèse rentre dans un autre problème que nous traiterons à l'article suivant.

Lorsque le système est dans des conditions telles que la vitesse angulaire ψ est nulle, ou que

$$\frac{\psi}{\mu} = \frac{a\,S - d\,C\,(\cos\theta - f\sin\theta)}{C\left\{ L\,S - d\,C\,(d - f\,d')\right\}} = 0,$$

ce qui exige que l'on ait

$$a\,S - d\,C\,(\cos\theta - f\sin\theta) = 0 \qquad (58)$$

la pièce ne tournera pas sur ses tourillons et conservera sa position relative avec l'affût, quoiqu'il n'y ait pas contact entre la culasse et la vis de pointage.

L'équation de condition (58) étant satisfaite, il est évident que les circonstances du mouvement de recul, ne seraient pas changées, si, au moment du tir, la culasse était en contact avec la vis de pointage, et que la percussion sur cette vis serait nulle ainsi que la vitesse ψ. Il s'ensuit que l'équation qui exprime que la percussion P sur la vis de pointage est nulle, doit être la même que la formule (58) qui indique que le canon ne tourne pas sur l'axe des tourillons, bien qu'au moment du tir la pièce ne reposait pas sur la vis de pointage.

Effectivement, si l'on pose $P = 0$, dans l'équation (26) du § 58, on a la même équation que ci-dessus :

$$a \, S - d \, C \, (\cos \theta - f \sin \theta) = 0.$$

Cette identité entre les équations de conditions qui expriment à la fois

$$P = 0 \qquad \text{et} \quad \psi = 0,$$

montre que la formule (58) est la traduction analytique de la similitude qui existe entre les deux problèmes traités aux articles I et IV de cette seconde partie, pour les hypothèses particulières que nous avons faites.

Cherchons ce que devient la valeur de ψ, lorsque l'abaissement a de l'axe des tourillons est nul, et remarquons que l'on a en même temps, (équation XVI, § 9)

$$a = 0 \qquad d = - a' \sin \theta.$$

L'équation (22) devient par ces valeurs

$$\frac{\psi}{\mu} = \frac{a' \, C \sin \theta \, (\cos \theta - f \sin \theta)}{C \left\{ L \, S - a' \, C \sin \theta \, (a' \sin \theta + f \, d') \right\}}$$

cette valeur sera généralement positive, et la pièce tournera par l'abaissement de la culasse, même si l'axe des tourillons coupe celui de l'âme.

La pièce saignerait du nez si la valeur de ψ était négative, ce qui exigerait (équation 22)

$$a \, S - d \, C \, (\cos \theta - f \sin \theta) < 0.$$

Lorsque cette inégalité existe la volée s'abaisse, que la pièce soit ou non en contact avec la vis de pointage, parce que celle-ci ne peut s'opposer au soulèvement de la culasse.

Mais cette inégalité ne peut être satisfaite pour aucune valeur positive de θ, parce que l'on a

$$S > C \qquad \text{et} \quad a > d.$$

Ainsi, la pièce ne peut saigner du nez, lorsque l'affût conserve ses appuis sur le sol.

———

ARTICLE V.

Percussions qui ont lieu lorsque les roues se détachent du sol, que l'affût soulevé tourne sur sa crosse comme sur une charnière, et que la culasse n'est pas en contact avec la vis de pointage.

---

§ 80. MOUVEMENTS QUI ONT LIEU.

L'affût soulevé par l'effet du tir tourne autour du point d'appui de la crosse sur le sol.

La crosse glisse sur le sol, et le système entier du canon, de l'affût et des roues, prend un mouvement de translation parallèlement au terrain.

Le canon est soulevé avec l'affût, et participe à son mouvement de rotation autour du point d'appui de la crosse sur le sol, tout en partageant le mouvement de translation de tout le système parallèlement au terrain.

La bouche-à-feu possède en outre un mouvement particulier de rotation autour de l'axe des tourillons : et puisque la culasse n'est pas en contact avec la vis de pointage, cette rotation peut se faire dans les deux sens opposés, c'est-à-dire, que la culasse peut se rapprocher de la vis de pointage tout comme elle pourrait s'en écarter.

Le choc de l'essieu soulève les roues, et leur communique le mouvement de translation de tout le système parallèlement au terrain, sans que ce soulèvement et cette translation modifient en rien le parallélisme des roues avec leur position première.

Conservons les notations précédentes :

La pièce est animée d'un double mouvement de rotation : par l'un elle participe à la vitesse angulaire ω de l'affût autour de la crosse, et par l'autre elle possède une vitesse particulière de rotation autour de l'axe des tourillons que nous nommerons ψ'.

La vitesse absolue de rotation du canon représentée par ψ est la somme algébrique de ces deux vitesses angulaires, qui peuvent avoir pour effet d'augmenter l'inclinaison de l'axe de l'âme avec l'horizon ou de la diminuer, selon que ces vitesses agiront dans le même sens ou en sens contraires.

Pour fixer les idées, nous supposerons que la vitesse ψ a lieu dans le même sens que la vitesse ω ; c'est-à-dire que la culasse se rapproche de la vis de pointage, en sorte que l'on a

$$\left.\begin{array}{l} \psi = \psi' + \omega \\ \psi' = \psi - \omega \end{array}\right\} \quad (1)$$

d'où

Lorsque nous trouverons, d'après les données du problème, que ψ est plus grande que ω, nous en conclurons que la vitesse ψ' tend à augmenter l'élévation de l'âme au dessus de l'horizon, et que la culasse se rapproche de la vis de pointage pendant le soulèvement de l'affût.

Mais s'il résulte, des valeurs obtenues, que ψ' est égale à ω, on en déduira que ψ' est nulle, et que le canon conserve sa position relative avec l'affût : en sorte que, si même la culasse était en contact avec la vis de pointage, la percussion P sur la tête de la vis serait nulle, et le problème rentrerait dans le cas traité à l'article III de cette deuxième partie. Il est évident lorsque cette circonstance aura lieu, que l'équation $\psi - \omega = 0$, exprimée en fonction des données du problème actuel, devra fournir la même équation de condition que celle qui donnera

$$P = 0$$

dans le problème, où l'affût étant soulevé la culasse reste en contact avec la vis de pointage : c'est ce que nous vérifierons dans la suite.

Enfin, si l'on trouve que ψ' est plus petite que ω, cela indique que la vitesse ψ' éloigne la culasse de la vis de pointage, et qu'elle se produit en sens contraire à celui de ω.

Nous supposons ψ' positive, lorsque cette vitesse rapproche la culasse de la vis de pointage : et ψ' est négative dans le cas contraire.

Lorsque les conditions voulues, pour que ψ' soit négative, seront remplies, il est évident que les percussions produites ne seront pas changées', si au moment du tir, la pièce est en contact avec la vis de pointage, parce que celle-ci ne peut s'opposer au relèvement de la culasse.

------

§ 81. MISE EN ÉQUATION DES QUANTITÉS DE MOUVEMENT IMPRIMÉES AU CANON.

Remplaçons, par des forces, la résistance que l'affût oppose aux encastrements des tourillons, nous pourrons considérer le canon comme, un corps libre soumis à ces forces et à l'impulsion μ, et établir les conditions de l'équilibre, qui doit exister entr'elles et les quantités de mouvement imprimées.

Les forces qui agissent sur le canon ont pour composantes

verticales	horizontales
T	— T'
$\mu \sin \theta$	$\mu \cos \theta$

Il y a trois sortes de quantités de mouvement, imprimées au canon, provenant :

1° De la vitesse horizontale V de tout le système,

2° De la vitesse angulaire ω autour du point d'appui de la crosse sur le sol,

3° De la vitesse angulaire ψ' autour de l'axe des tourillons.

Ces quantités de mouvement sont exprimées ainsi qu'il suit :

V C quantité de mouvement horizontale, due à la vitesse V.

$\omega\, C \sqrt{(c + d)^2 + (c' - d')^2}$ quantité de mouvement de rotation du canon autour du point d'appui de la crosse sur le sol (§ 60).

$\psi'\, C \sqrt{d^2 + d'^2}$ quantité de mouvement de rotation du canon autour de l'axe des tourillons (§ 73).

Ces forces ont pour composantes :

verticales	horizontales	
$-\,\omega\, C\, (c' - d')$	V C	
$\psi'\, C\, d'$	$\omega\, C\, (c + d)$	(§ 60)
	$\psi'\, C\, d$	(§ 73)

Les deux premières équations de l'équilibre sont :

$$\mu \sin \theta + T = \psi' C\, d' - \omega\, C\, (c' - d') \qquad (2)$$

$$\mu \cos \theta - T' = V\, C + \omega\, C\, (c + d) + \psi'\, C\, d \qquad (3)$$

Substituons à ψ' sa valeur équation (1), il vient

$$\mu \sin \theta + T = \psi\, C\, d' - \omega\, C\, c' \qquad (4)$$

$$\mu \cos \theta - T' = V\, C + \omega\, C\, c + \psi'\, C\, d \qquad (5)$$

Formons l'équation des moments relativement à l'axe des tourillons, pour lequel les moments des forces T et T' sont nuls.

Le moment de la force μ est $\mu\, a$.

Le moment de la quantité de mouvement horizontale de translation $V\, C$ est $V\, C\, d$.

Le moment de la quantité de mouvement de rotation du canon autour de l'axe des tourillons est $\psi'\, C\, (k^2 + d^2 + d'^2)$

Le moment de la quantité de mouvement de rotation du canon autour de la crosse, pris relativement à l'axe des tourillons, est, en nommant q le bras de levier de cette force,

$$q\, \omega\, C \sqrt{(c + d)^2 + (c' - d')^2}.$$

On a donc pour l'équation des moments :

$$\mu\, a = C V\, d + \psi' C\, (k^2 + d^2 + d'^2) + q\, \omega\, C \sqrt{(c + d)^2 + (c' - d')^2} \qquad (6$$

Nous déterminerons q au moyen de la formule XV § 8

$$q = \frac{k^2 + x_1^2 + y_1^2 - x'\, x_1 - y\, y_1}{\sqrt{x_1^2 + y_1^2}}$$

dans laquelle les lettres ont les valeurs suivantes :

$$y_1 = c + d$$
$$x_1 = c' - d'$$
$$y = c$$
$$x = c'$$

La valeur de q devient :

$$q = \frac{k^2 + (c + d)^2 + (c' - d')^2 - c'\, (c' - d') - c\, (c + d)}{\sqrt{(c + d)^2 + (c' - d')^2}}.$$

Substituant cette valeur de q et celle de ψ' (éq. 1) dans l'équation (6) elle devient

$$\mu a = C V d + (\psi - \omega) C (k^2 + d^2 + d'^2) + \omega C \Big\} k_2 + (c+d)_2 + (c'-d')^2 - c(c+d) - c'(c'-d') \Big\{ \tag{7}$$

faisant les réductions on a

$$\mu a = C V d + \psi C (k^2 + d^2 + d'^2) + \omega C (c\, d - c'\, d'). \tag{8}$$

---

§ 82. MISE EN ÉQUATION DES QUANTITÉS DE MOUVEMENT IMPRIMÉES AU SYSTÈME FORMÉ DU CANON ET DE L'AFFUT RÉUNIS.

—

En remplaçant par des forces, l'impulsion μ et la résistance que les roues et le sol opposent respectivement à l'essieu et au point d'appui de la crosse, nous pouvons considérer le canon et l'affût, comme un système libre de deux corps solides soumis à ces forces, et établir les conditions de l'équilibre, qui doit exister entr'elles et les quantités de mouvement réellement imprimées.

Les forces qui agissent sur le système du canon et de l'affût réunis ont pour composantes :

verticales	horizontales
$\mu \sin \theta$	$\mu \cos \theta$
$- Q$	$- f Q$
$+ E$	$- E'$

Les quantités de mouvement, imprimées au système formé du canon et de l'affût réunis, se composent de celles communiquées séparément à chacune de ces parties.

Les composantes des quantités de mouvement imprimées au canon ont été indiquées au § 81, savoir :

Composantes verticales	Composantes horizontales
$- \omega C (c' - d')$	$V C$
$\psi' C d'$	$\omega C (c + d)$
	$\psi' C d$

Les quantités de mouvement, transmises à l'affût, résultent de la vitesse de translation horizontale V, de tout le système, et de la vitesse de rotation ω autour du point d'appui de la crosse sur le sol.

La vitesse V de l'affût engendre la force horizontale ΛV.

La vitesse ω, produit la quantité de mouvement de rotation de l'affût $\omega \Lambda \sqrt{g^2 + g'^2}$, dont les composantes verticale et horizontale sont respectivement, $- \omega \Lambda g'$ et $\omega \Lambda g$ (équation XI § 7).

Les deux premières équations de l'équilibre sont :

$$\mu \sin \theta - Q + E = \psi' C\, d' - \omega C (c' - d') - \omega \Lambda g' \qquad (9)$$

$$\mu \cos \theta - f Q - E' = V (C + \Lambda) + \psi' C\, d + \omega \left\{ C (c + d) + \Lambda g \right\} \quad (10)$$

Substituant à ψ' sa valeur $\psi - \omega$ équation (1) il vient toute réduction faite :

$$\mu \sin \theta - Q + E = \psi C\, d' - \omega (C\, c' + \Lambda g') \qquad (11)$$

$$\mu \cos \theta - f Q - E' = V (C + \Lambda) + \psi C\, d + \omega (C\, c + \Lambda g) \quad (12)$$

Formons l'équation des moments, relativement au point d'appui de la crosse sur le sol, pour lequel les moments des forces Q et $f Q$ sont nuls.

Les moments des forces qui agissent sur le système du canon et de l'affût réunis sont :

$$\mu \, \gamma$$
$$- E \, r'$$
$$- E' \, r$$

Les moments des quantités de mouvement imprimées au canon sont :

$C V (c + d)$ moment de la quantité de mouvement de translation,

$\omega C \left\{ k^2 + (c + d)^2 + (c' - d')^2 \right\}$ moment de la quantité de mouvement de rotation autour du point d'appui de la crosse,

$q \psi' \, \mathrm{C} \sqrt{d^2 + d'^2}$ moment de la quantité de mouvement de rotation autour de l'axe des tourillons pris relativement au point d'appui de la crosse : q étant le bras de levier de la force $\psi' \, \mathrm{C} \sqrt{d^2 + d'^2}$.

Les moments des quantités de mouvement imprimées à l'affût sont :

$\mathrm{V} \, \mathrm{A} \, g$ moment de la quantité de mouvement de translation,

$\omega \, \mathrm{A} \, (k'^2 + g^2 + g'^2)$ moment de la quantité de mouvement de rotation autour du point d'appui de la crosse.

Égalant la somme des moments des forces à la somme des moments des quantités de mouvement imprimées on a

$$\mu\gamma - \mathrm{E}r' - \mathrm{E}'r = \mathrm{V}\left\{\mathrm{C}\,(c+d) + \mathrm{A}\,g\right\} + \omega\,\mathrm{C}\left\{k^2 + (c+d)^2 + (c'-d')^2\right\} +$$

$$+ q\,\psi'\,\mathrm{C}\sqrt{d^2 + d'^2} + \omega\,\mathrm{A}\,(k'^2 + g^2 + g'^2) \qquad (15)$$

Pour déterminer le bras de levier q nous savons (équation XV § 8) que l'on a généralement

$$q = \frac{k^2 + x_1^2 + y_1^2 - x\,x_1 - y\,y_1}{\sqrt{x_1^2 + y_1^2}}$$

Dans cette formule les lettres ont les significations suivantes

$$y = -c$$
$$x = c'$$
$$y_1 = d$$
$$x_1 = d'$$

Il en résulte

$$q = \frac{k^2 + d^2 + d'^2 + c\,d - c'\,d'}{\sqrt{d^2 + d'^2}}.$$

Substituant cette valeur de q dans l'équation précédente, ainsi que celle de $\psi' = \psi - \omega$ il vient

$$\mu\gamma - Er' - E'r = V\left\{C(c+d) + A\,g\right\} + \omega\,C\left\{k^2 + (c+d)^2 + (c'-d')^2\right\} +$$

$$+ (\psi - \omega)\,C\left\{k^2 + d^2 + d'^2 + c\,d - c'\,d'\right\} + \omega\,A\,(k'^2 + g^2 + g'^2) \quad (14)$$

Réduisant on obtient

$$\mu\gamma - Er' - E'r = V\left\{C\,(c+d) + A\,g\right\} + \psi\,C\left\{k^2 + d^2 + d'^2 + c\,d - c'd'\right\} +$$

$$+ \omega\,C\left\{c^2 + c'^2 + c\,d - c'\,d'\right\} + \omega\,A\left\{k'^2 + g^2 + g'^2\right\}$$

équation qui peut se mettre sous la forme

$$\mu\,\gamma - E\,r' - E'\,r = V\left\{C(c+d) + A\,g\right\} + \psi C\left\{k^2 + d^2 + d'^2 + c\,d - c'\,d'\right\}$$

$$+ \omega\,C\left\{c\,(c+d) + c'\,(c'-d')\right\} + \omega\,A\left\{k'^2 + g^2 + g'^2\right\} \quad (15)$$

§ 85. MISE EN ÉQUATION DES QUANTITÉS DE MOUVEMENT IMPRIMÉES AUX ROUES.

Les roues sont soulevées par le choc de l'essieu, et participent en même temps au mouvement de translation horizontale de tout le système, tout en restant parallèles à elles-mêmes.

Il y a lieu de faire ici les mêmes raisonnements qu'au § 58, relatif au mouvement des roues quand l'affût est soulevé.

Les roues, possédant la vitesse de translation V de tout le système, sont animées de la quantité de mouvement horizontal B V.

Le choc de l'essieu soulève les roues, et leur imprime une vitesse $\omega \sqrt{r^2 + r'^2}$ tangentielle à l'arc de cercle que l'essieu décrit autour du point d'appui de la crosse sur le sol, en vertu de la vitesse angulaire ω de l'affût.

Cette vitesse $\omega \sqrt{r^2 + r'^2}$ imprime aux roues une quantité de mouvement $\omega B \sqrt{r^2 + r'^2}$, dirigée perpendiculairement à la droite menée de l'axe de l'essieu au point d'appui de la crosse.

Cette droite fait avec l'horizon un angle δ qui a pour tangente

$$ tg\ \delta = \frac{r}{r'} $$

d'où

$$ \sin \delta = \frac{r}{\sqrt{r^2 + r'^2}} $$

$$ \cos \delta = \frac{r'}{\sqrt{r^2 + r'^2}} $$

La direction de la vitesse $\omega \sqrt{r^2 + r'^2}$ fait avec la verticale le même angle δ, que fait avec l'horizon la droite menée de l'axe de l'essieu au point d'appui de la crosse. Il s'ensuit que la force $\omega B \sqrt{r^2 + r'^2}$ a pour composantes

verticale	horizontale
$-\omega B \sqrt{r^2 + r'^2} \cos \delta$	$\omega B \sqrt{r^2 + r'^2} \sin \delta$
Cette force est négative parce qu'elle agit de bas en haut.	Cette force est positive parce qu'elle agit dans le sens du recul.

et à cause des valeurs de $\cos \delta$ et de $\sin \delta$ ces composantes deviennent composante verticale   composante horizontale

$$- \omega \, B \, r' \qquad\qquad\qquad \omega \, B \, r$$

D'ailleurs les forces dirigées suivant l'axe des roues sont $- E$ et $+ E'$.

Les équations de l'équilibre entre les forces qui agissent sur les roues et les quantités de mouvement imprimées sont :

$$- E = - \omega \, B \, r' \qquad\qquad (16)$$

$$E' = B \, V + \omega \, B \, r \qquad\qquad (17)$$

Il n'y a pas d'équation des moments parce que toutes les forces concourent sur l'axe de l'essieu.

------

§ 84. RÉSOLUTION DES ÉQUATIONS PRÉCÉDENTES.

Nous emploierons les abréviations suivantes pour simplifier les formules.

$$S \;\; = A + B + C$$
$$Sy = C \, (c + d) + A \, g + B \, r$$
$$Sy' = C \, (c' - d') + A \, g' + B \, r'$$
$$L \;\; = K^2 + d^2 + d'^2 = K^2 + a^2 + a'^2$$
$$U \;\; = c \, d - c' \, d'$$

$$X = C \left\{ K^2 + (c + d)^2 + (c' - d')^2 \right\} + A (K'^2 + g^2 + g'^2) + B (l^2 + r^2 + r'^2)$$
$$(18).$$

Cette valeur de X est, ainsi que nous l'avons indiqué au § (59), le moment d'inertie du système entier, formé du canon, de l'affût et des roues, relativement à une droite passant par le point d'appui de la crosse sur le sol et parallèle à l'axe des tourillons.

L'élimination conduit aux solutions suivantes :

$$\frac{V}{\mu} = \frac{S(y+fy')\left\{a(L+U)-\gamma L\right\}-C(L+U)\left\{(L+U)(\cos\theta-f\sin\theta)-\gamma(d-fd')\right\}+(X-Bl^2)\left\{L(\cos\theta-f\sin\theta)-a(d-fd')\right\}}{S\left[C(L+U)\left\{y(d-fd')+d(y+fy')-(L+U)\right\}+L\left\{X-Bl^2-yS(y+fy')\right\}\right]-aC(X-Bl^2)(d-fd')} \quad (19)$$

$$\omega = \frac{\mu\left\{\gamma L-a(L+U)\right\}-V\left\{y LS-d C(L+U)\right\}}{L(X-Bl^2)-C(L+U)^2} \quad (20)$$

$$\psi = \frac{\mu a-d C V'-\omega C U}{C L} \quad (21)$$

$$\psi' = \psi-\omega = \frac{\mu a-d C V-\omega C(L+U)}{C L} \quad (22)$$

$$E = \omega B r' \quad (23)$$

$$E' = B(V+r\omega) \quad (24)$$

$$Q = \mu\sin\theta+\omega\left\{S y'+C d'\right\}-\psi C d' \quad (25)$$

$$T = \psi C d'-\mu\sin\theta-\omega C c' \quad (26)$$

$$T' = \mu\cos\theta-C(V+\omega c+\psi d) \quad (27)$$

§ 85. RÉPERTOIRE DE FORMULES.

$$\frac{\omega}{\mu} = \frac{S\left[L\left\{\gamma - y(\cos\theta - f\sin\theta)\right\} - a\left\{L + U - y(d - fd')\right\}\right] - dC\left[\gamma(d-fd') - (L+U)(\cos\theta - f\sin\theta)\right]}{S\left[C(L+U)\left\{y(d-fd') + d(y+fy') - (L+U)\right\} + L\left\{X - Bl^2 - yS(y+fy')\right\}\right] - dC(d-fd')(X - Bl^2)} \quad (28)$$

$$\frac{\psi}{\mu} = \frac{S\left[a\left\{X - Bl^2 - C(L+U)\right\} + ay\left\{C(d-fd') - S(y+fy')\right\} + \gamma\, dC(y+fy') - CU\left\{\gamma - y(\cos\theta - f\sin\theta)\right\}\right] - dC\left[\left\{X - Bl^4 - C(L+U)\right\}(\cos\theta - f\sin\theta) + \gamma C(d-fd')\right]}{CS\left[C(L+U)\left\{y(d-fd') + d(y+y') - (L+U)\right\} + L\left\{(X - Bl^2) - yS(y+fy')\right\}\right] - dC^2(d-fd')(X - Bl^2)} \quad (29)$$

$$\omega = \frac{\mu\left\{L(\cos\theta - f\sin\theta) - a(d-fd')\right\} - V\left\{LS - dC(d-fd')\right\}}{LS(y+fy') - C(d-fd')(L+U)} \quad (30)$$

$$\psi = \frac{\mu\left[C\left\{\gamma U + a(L+U)\right\} - a\left\{X - Bl^2\right\}\right] - CV\left[yUS - d\left\{X - Bl^2 - C(L+U)\right\}\right]}{C\left\{C(L+U)^2 - L(X - Bl^2)\right\}} \quad (31)$$

$$\psi' = \frac{\mu\left[a\left\{S(y+fy') - C(d-fd')\right\} - CU(\cos\theta - f\sin\theta)\right] - CV\left[d\left\{S(y+fy') - C(d-fd')\right\} - SU\right]}{C\left[LS(y+fy') - C(d-fd')(L+U)\right]} \quad (32)$$

§ 86. OBSERVATIONS SUR LES FORMULES PRÉCÉDENTES.

On déduit de l'équation (21)

$$\psi = \frac{\mu\,a - d\,C\,V - \omega\,C\,U}{C\,L}$$

les relations réciproques ,

$$V = \frac{\mu\,a - \psi\,C\,L - \omega\,C\,U}{d\,C}$$

$$\omega = \frac{\mu\,a - d\,C\,V - \psi\,C\,L}{C\,U}$$

Ces formules montrent que les vitesses ψ, V et ω croissent en même temps que l'abaissement a de l'axe des tourillons. Elles font voir :

1° Que chacune de ces vitesses diminue lorsque les autres augmentent.

2° Que ces vitesses sont moindres lorsque la masse C du canon est plus considérable.

3° Que la vitesse ψ est plus faible quand d et U ont des valeurs plus grandes.

4° Que la vitesse du recul V est ralentie, lors de l'accroissement du facteur L, par lequel il faut multiplier C pour avoir le moment d'inertie du canon relativement à l'axe des tourillons.

5° Que la vitesse ω décroit quand d et L augmentent.

La rotation du canon autour des tourillons , (s'il n'y a pas de contact avec la vis de pointage) est plus rapide pour les canons de campagne que pour ceux de siége : parce que les premiers sont plus légers et ont un moment d'inertie moins considérable.

L'ordonnée d, du centre de gravité de la pièce, est située au dessus du plan horizontal, passant par l'axe des tourillons , si

d est positive ; et se trouve au dessous de ce plan lorsque d est négative.

Dans ce dernier cas le terme $- d\,C\,V$ (équation 21) change de signe et devient positif.

Il en résulte que la vitesse ψ est d'autant plus forte que la culasse est plus abaissée au moment du tir, ou que l'angle du tir est plus élevé.

Si la vis de pointage ne touche pas la culasse au moment où le coup part, le choc contre la tête de la vis, lorsqu'elle vient à être rencontrée par la pièce dans son mouvement de rotation autour des tourillons, est d'autant plus violent que la culasse était plus abaissée ou que l'angle du tir était plus élevé.

Prenons l'équation (22)

$$\psi' = \psi - \omega = \frac{\mu\,a - d\,C\,V - \omega\,C\,(\,L + U\,)}{C\,L}$$

Nous voyons que ψ' diminue dans les mêmes conditions que ψ, et en outre par l'accroissement du terme $\omega\,C\,L$.

Si les données du problème rendaient la vitesse ψ' nulle, ou si l'on avait

$$\mu\,a - d\,C\,V - \omega\,C\,(\,L + U\,) = 0 \qquad (55)$$

la pièce conserverait sa position relative avec l'affût, et tournerait avec lui autour du point d'appui de la crosse avec la même vitesse angulaire .

Il est évident que cet état de chose, ne changerait pas si, au moment du tir, la culasse était en contact avec la vis de pointage, parce que la rotation ψ' du canon n'existant pas, la vis ne pourrait être comprimée.

L'hypothèse $\psi' = 0$, doit donc fournir la même équation de condition que la supposition $P = 0$, dans le problème traité à l'article III de cette seconde partie.

Effectivement faisant $P = 0$ dans l'équation (26) du § 61 , on a

$$\mu\,a - d\,C\,V - \omega\,C\,(\,L + U\,) = 0.$$

équation identique avec celle exprimant la condition $\psi' = 0$.

Lorsque ψ' sera positive on aura l'inégalité :

$$\mu\,a - d\,C\,V - \omega\,C\,(\,L + U\,) > 0 :$$

la culasse se rapprochera de la vis de pointage, si elle en est écartée au moment où le coup part, ou bien elle percutera cette vis si le contact a lieu entre elle et la pièce.

Si ψ' était négative on aurait l'inégalité

$$\mu\,a - d\,\mathrm{C}\,\mathrm{V} - \omega\,\mathrm{C}\,(\mathrm{L} + \mathrm{U}) < 0,$$

la culasse s'écarterait de la vis de pointage, et la pièce saignerait du nez.

Les équations

$$\mathrm{E} = \omega\,\mathrm{B}\,r' \qquad\qquad (25)$$

$$\mathrm{E}' = \mathrm{B}\,(\mathrm{V} + r\,\omega) \qquad\qquad (24)$$

sont les mêmes que celles (11) et (12) du § 59, de l'article III. Tout ce que nous en avons dit est applicable ici. De plus nous ferons remarquer que les percussions E et E' sont les mêmes quelles que soient les valeurs de ψ', pourvu que les quantités B, ω, V, r et r' ne changent pas.

L'équation (25) peut se mettre sous la forme

$$Q = \mu \sin\theta + \omega\,\mathrm{S}\,y' - \mathrm{C}\,d'\,(\psi - \omega).$$

Remarquons que le facteur $\psi - \omega$, du dernier terme, indique la vitesse angulaire du canon, relative à sa position avec l'affût; c'est-à-dire que $\psi - \omega$ est la vitesse de rotation avec laquelle la culasse se rapproche ou s'écarte de la vis de pointage. On en conclut que la percussion verticale Q sur la crosse, est égale à la composante verticale $\mu \sin\theta$ de la réaction de la charge, augmentée de la composante verticale $\omega\,\mathrm{S}\,y'$ de la quantité de mouvement de rotation du système entier autour du point d'appui de la crosse, et diminuée de la composante verticale $\mathrm{C}\,d'\,(\psi - \omega)$ de la quantité de mouvement de rotation relative du canon autour de l'axe des tourillons.

Il résulte de cette formule, que la percussion sur la crosse est diminuée, lorsque la pièce tourne sur les tourillons par l'abaissement de la culasse; et qu'au contraire cette percussion devient plus forte, quand la bouche-à-feu saigne du nez, parce que $\psi - \omega$ change alors de signe, et que le terme $-\mathrm{C}\,d'\,(\psi - \omega)$ devient positif.

La percussion verticale **T** sur les encastrements des tourillons est exprimée par l'équation (26)

$$T = \psi\, C\, d' - \mu \sin \theta - \omega\, C\, c'.$$

Elle fait voir que la quantité de mouvement $\psi\, C\, d'$, résultant de la vitesse ψ, influe sur la percussion **T**, dans un sens opposé aux forces $\mu \sin \theta$ et $\omega\, C\, c'$ qui proviennent de l'impulsion μ et de la rotation ω.

Si l'on avait

$$\psi\, C\, d' - \mu \sin \theta - \omega\, C\, c' = 0\,,$$

la percussion T serait nulle ; la pièce reculerait et tournerait en même temps, et les tourillons ne produiraient aucun choc vertical sur leurs encastrements ; le soulèvement du système serait le résultat du choc horizontal des tourillons contre l'affût.

Il suit de l'équation (27)

$$T' = \mu \cos \theta - C \left\{ V + \omega\, c + \psi\, d \right\}$$

que T' diminue lorsque **C**, **V**, ω et ψ augmentent.

Ainsi la percussion horizontale, sur les encastrements des tourillons, est atténuée par l'accroissement :

1° de la masse du canon.

2° de la vitesse de recul.

3° de la vitesse angulaire de soulèvement de l'affût.

4° de la vitesse de rotation du canon autour de l'axe des tourillons.

§ 87. Manière différente de mettre en équation les quantités de mouvement imprimées au canon.

La mise en équation est souvent la grande difficulté des problèmes, principalement lorsqu'il s'agit de mouvements de rotation compliqués comme ceux du présent article. En effet, le système est transporté parallèlement au sol, et le canon tourne autour de l'axe des tourillons, pendant que l'affût auquel il est lié par les tourillons, tourne lui-même sur le point d'appui de la crosse sur le sol. Ces différents mouvements peuvent se concevoir par plusieurs combinaisons, de même que la génération des surfaces, peut se faire par plusieurs procédés.

Parmi ces combinaisons, il y en a qui sont plus compréhensibles que d'autres pour certains esprits, et c'est étendre leur champ d'opérations que de multiplier les exemples des divers moyens qui conduisent aux mêmes fins.

D'ailleurs il est bon de contrôler les résultats du calcul et de la mise en équation : et c'est principalement à ce dernier point de vue, et pour obtenir une entière confiance dans la marche que nous avons suivie, que nous allons exposer une autre combinaison de mouvements par lesquels nous arriverons exactement aux mêmes formules que celles déjà trouvées.

Nous nous occuperons dans ce paragraphe des quantités de mouvement imprimées au canon seulement.

Si le canon ne tournait pas autour des tourillons, il se mouvrait parallèlement à lui même.

Abstraction faite de cette rotation, le canon est animé de deux vitesses : l'une horizontale V et l'autre provenant du choc produit contre les tourillons par le soulèvement de l'affût. Faisant toujours abstraction de la rotation du canon, le soulèvement de l'affût imprime à la pièce une vitesse de translation $\omega \sqrt{c^2 + c'^2}$ dirigée parallèlement à la tangente à l'arc de cercle que l'axe des tourillons décrit autour du point d'appui de la crosse sur le sol.

Cette vitesse $\omega \sqrt{c^2 + c'^2}$ produit la quantité de mouvement parallèle $\omega\, C \sqrt{c^2 + c'^2}$ appliquée au centre de gravité du canon.

En même temps que ces deux vitesses se produisent, faisons

tourner le canon autour de l'axe des tourillons, avec la vitesse absolue ψ, qu'il possède réellement ; il est évident que les quantités de mouvement communiquées, et les percussions qui en résultent devront être les mêmes que celles déja trouvées.

Mettons ces quantités de mouvement en équation.

Remplaçons la résistance, que l'affût oppose aux tourillons, par les forces T et T', nous pouvons considérer le canon comme un corps libre soumis à ces forces et à l'impulsion μ; et établir les conditions de l'équilibre, qui doit exister entr'elles et les quantités de mouvement réellement imprimées.

La bouche-à-feu possède trois vitesses, et par suite trois sortes de quantités de mouvement.

La vitesse horizontale V de translation de tout le système produit la quantité de mouvement CV, dirigée parallèlement au sol.

La vitesse de rotation ψ, autour de l'axe des tourillons, engendre la quantité de mouvement de rotation $\psi\,C\sqrt{d^2 + d'^2}$, dont les composantes verticales et horizontales sont respectivement $\psi\,C\,d'$ et $\psi\,C\,d$.

La vitesse de translation $\omega\sqrt{c^2 + c'^2}$, dirigée parallèlement à la tangente à l'arc de cercle, décrit par les tourillons autour du point d'appui de la crosse sur le sol comme centre, engendre la quantité de mouvement $\omega\,B\sqrt{c^2 + c'^2}$, parallèle à cette vitesse et appliquée au centre de gravité du canon.

La vitesse $\omega\sqrt{c^2 + c'^2}$ est perpendiculaire à la droite menée de l'axe des tourillons au point d'appui de la crosse, parce que cette droite est le rayon du cercle que décrit l'axe des tourillons.

Soit β l'angle que cette droite fait avec l'horizontale, on a les relations :

$$\operatorname{tg}\beta = \frac{c}{c'}$$

$$\sin\beta = \frac{c}{\sqrt{c^2 + c'^2}}$$

$$\cos\beta = \frac{c'}{\sqrt{c^2 + c'^2}}$$

Les composantes verticale et horizontale de la quantité de mouvement $\omega\,C\sqrt{c^2 + c'^2}$ sont respectivement

$- \omega \, C \, \sqrt{(c^2 + c'^2)} \cos \beta$ composante verticale, prise négative- ment parce qu'elle agit de bas en haut.

$\omega \, C \sqrt{c^2 + c'^2} \sin \beta$ composante horizontale, de même sens que celui du recul.

Substituant à $\sin \beta$ et $\cos \beta$ leurs valeurs ci-dessus, nous trouvons

$$- \omega \, C \sqrt{(c^2 + c'^2)} \cos \beta = - \omega \, C \, c'$$

$$\omega \, C \sqrt{(c^2 + c'^2)} \sin \beta = \omega \, C \, c$$

Les deux premières équations de l'équilibre entre ces forces sont :

$$\mu \sin \theta + T = - \omega \, C \, c' + \psi \, C \, d'$$

$$\mu \cos \theta - T' = \omega \, C \, c + \psi \, C \, d + C V$$

Ces relations sont les mêmes que celles (4) et (5) du § 81.

Formons l'équation des moments relativement à l'axe des tourillons, pour lequel les moments des forces T et T' sont nuls.

Le moment de l'impulsion μ due à la réaction de la charge de poudre est :

$$\mu \, a$$

Le moment de la quantité de mouvement horizontale V C est :

$$V \, C \, d$$

Le moment de la quantité de mouvement de rotation du canon autour de l'axe des tourillons est :

$$\psi \, C \, (K^2 + d^2 + d'^2)$$

La quantité de mouvement de translation du canon $\omega \, C \sqrt{(c^2 + c'^2}$ dirigée perpendiculairement à la droite menée de l'axe des tourillons au point d'appui de la crosse, a deux composantes, $- \omega \, C \, c'$ et $\omega \, C \, c$.

La composante verticale $- \omega \, C \, c'$ appliquée au centre de gravité du canon a pour moment

$$- \omega \, C \, c' \, d'$$

La composante horizontale $\omega \, C \, c$ appliquée au centre de gravité du canon a pour moment.

$$\omega \, C \, c \, d$$

L'équation des moments est

$$\mu\,a = C\,V\,d + \psi\,C\,(K^2 + d^2 + d'^2) - \omega\,C\,c'\,d' + \omega\,C\,c\,d$$

Cette équation est la même que celle (8) du § 81. Ainsi quoique nous ayons suivi une marche différente, nous avons retrouvé exactement les équations (4) (5) et (8) du § 81.

Cette coïncidence montre que nos deux voies étaient bonnes.

---

§ 88. MANIÈRE DIFFÉRENTE DE METTRE EN ÉQUATION LES QUANTITÉS DE MOUVEMENT IMPRIMÉES AU SYSTÈME FORMÉ DU CANON ET DE L'AFFUT RÉUNIS.

Remplaçons par des forces la résistance que les roues opposent au choc de l'essieu, et celle du sol aux percussions de la crosse, et nous pourrons considérer le canon et l'affût comme un système de deux corps solides soumis à ces forces, et établir les conditions de l'équilibre qui doit exister entr'elles et l'impulsion μ d'une part, et les quantités de mouvement communiquées réellement au canon et à l'affût d'autre part.

Les forces qui agissent sur le système sont :

$$\mu$$
$$+ E$$
$$- E'$$
$$- Q$$
$$- f\,Q.$$

Les quantités de mouvement imprimées au canon ont les composantes suivantes :

verticales	horizontales
$\psi\,C\,d'$	$V\,C$
$- \omega\,C\,c'$	$\psi\,C\,d$
	$\omega\,C\,c$

Les quantités de mouvement transmises à l'affût ont les composantes suivantes, provenant de la rotation ω et de la vitesse V :

verticales	horizontales
	$V\,A$
$- \omega\,A\,g'$	$\omega\,A\,g$

Les deux premières équations de l'équilibre sont :

$$\mu \sin \theta + \mathrm{E} - \mathrm{Q} = \psi\, \mathrm{C}\, d' - \omega\mathrm{C}\, c' - \omega\, \mathrm{A}\, g'$$

$$\mu \cos \theta - \mathrm{E}' - f\, \mathrm{Q} = \mathrm{V.C} + \psi\, \mathrm{C}\, d + \omega\mathrm{C}\, c + \mathrm{V}\,\mathrm{A} + \omega\mathrm{A}\, g.$$

Ces relations sont les mêmes que celles (11) et (12) du § (82).

Formons l'équation des moments relativement au point d'appui de la crosse sur le sol, pour lequel les moments des forces Q et f Q sont nuls.

Les moments des forces qui agissent sur le système du canon et de l'affût réunis sont :

$\mu\,\gamma$

$- \mathrm{E}\, r'$

$- \mathrm{E}\, r.$

Les moments des quantités de mouvement imprimées au canon sont :

$\mathrm{C}\,\mathrm{V}\,(c + d)$

$\omega\,\mathrm{C}\,c'\,(c' - d')$ moment de la composante verticale $- \omega\,\mathrm{C}\,c'$

$\omega\,\mathrm{C}\,c\,(c + d)$ moment de la composante horizontale $\omega\,\mathrm{C}\,c$

$q\,\psi\mathrm{C}\sqrt{d^2 + d'^2}$ moment de la quantité de mouvement de rotation du canon autour de l'axe des tourillons pris relativement au point d'appui de la crosse : q étant le bras de levier de cette force.

Les moments des quantités de mouvement imprimées à l'affût sont :

$\mathrm{V}\,\mathrm{A}\,g$

$\omega\,\mathrm{A}\,(\mathrm{K}'^2 + g^2 + g'^2)$ moment de la quantité de mouvement de rotation de l'affût autour du point d'appui de la crosse.

L'équation des moments est

$$\mu\,\gamma - \mathrm{E}'r' - \mathrm{E}'r = \mathrm{C}\,\mathrm{V}\,(c + d) + \omega\,\mathrm{C}c'(c' - d') + \omega\,\mathrm{C}\,c(c + d) +$$

$$+ q\,\psi\,\mathrm{C}\sqrt{d^2 + d'^2} + \mathrm{V}\,\mathrm{A}\,g + \omega\,\mathrm{A}\,(\mathrm{K}'^2 + g^2 + g'^2)$$

Nous déterminerons le bras de levier q, comme il a été dit au § (74) où les données sont les mêmes ; on a

$$q = \frac{\mathrm{K}^2 + d^2 + d'^2 + c\,d - c'\,d'}{\sqrt{d^2 + d'^2}}$$

Cette valeur de q substituée dans l'équation précédente donne pour l'équation des moments

$$\mu\gamma - \text{E}r' - \text{E}'r = \text{V}\left\{\text{C}(c+d) + \text{A}y\right\} + \psi\text{C}\left\{\text{K}^2 + d^2 + d'^2 + cd - c'd'\right\} +$$
$$+ \omega\text{C}\left\{c(c+d) + c'(c'-d')\right\} + \omega\text{A}\left\{\text{K}'^2 + g^2 + g'^2\right\}$$

formule identique avec celle (15) du § (82)

RÉSUMÉ.

Le canon est la partie la plus solide du système formé par sa réunion avec l'affût et les roues.

Il est capable de supporter les énormes tensions des gaz et les battements du projectile à l'intérieur de l'âme, et il est bien constitué pour résister aux percussions qui ont lieu aux tourillons et sous la culasse, aux points où la pièce est en contact avec l'affût.

Ces percussions qui sont peu de chose pour la bouche-à-feu sont au contraire très redoutables pour l'affût.

La quantité de mouvement du canon pendule, engendrée par la réaction de la charge, est d'abord enmagasinée dans la pièce; de là elle se propage sur l'affût et sur les roues; elle leur communique les vitesses que nous avons calculées, et produit les percussions que nous avons déterminées au contact de ces parties les unes avec les autres et à leurs points d'appui sur le sol.

Les projections horizontale et verticale de la réaction de la charge, sont respectivement égales à la somme des composantes horizontales et verticales des quantités de mouvement, communiquées aux diverses parties du système, et des chocs contre les appuis sur le sol.

Les chocs, aux points de contact entre les diverses parties du système, sont fonction des quantités de mouvement transmises d'une de ces parties à toutes les autres parties consécutives. Il s'ensuit que pour atténuer ces chocs contre l'affût et contre les roues, il faut que le canon conserve, après le recul commencé, la majeure partie de la quantité de mouvement qui lui a été communiquée, afin que la quantité d'action transmise aux autres parties du système soit la plus faible possible.

La vitesse du recul, parallèlement au sol, est la même pour le canon, l'affût et les roues ; et les quantités horizontales de mouvement qui en résultent, pour chacune de ces parties, sont proportionnelles à leurs masses. Il s'ensuit, qu'en procurant au canon la plus forte proportion de la masse du système entier, il sera animé de la plus grande partie de la quantité horizontale de mouvement communiquée au système, et par suite les chocs horizontaux contre l'affût et les roues seront atténués.

La réaction de la charge, produisant une quantité constante de mouvement, on ralentit la vitesse initiale du recul en augmentant la masse du système à mouvoir.

Une forte masse du système, reportée le plus possible sur le canon, présente donc la condition la plus favorable pour ralentir le recul et amortir les chocs contre l'affût et les roues.

Le mode de réunion du canon avec l'affût est sans influence sur la vitesse initiale du recul.

La présence des roues ne modifie en rien cette vitesse, dans tous les cas où l'affût conserve ses appuis sur le sol : de sorte que, dans ces circonstances, la vitesse initiale est la même que si les roues ne pouvaient tourner ou que s'il s'agissait d'un mortier.

Lorsque l'affût est soulevé, les roues restent parallèles à elles mêmes, et les formules qui expriment la vitesse angulaire du système et celle du recul, sont indépendantes du moment d'inertie des roues ; et abstraction faite de ce moment d'inertie, ces deux vitesses sont les mêmes que s'il s'agissait d'un mortier.

L'affût conserve ses appuis lorsque les roues sont comprimées contre le sol, ou quand la percussion R = E est positive ou au moins égale à zéro.

Il en résulte la condition

$$y(\cos\theta - f\sin\theta) - \gamma = \text{ou} > 0.$$

Il y a soulèvement de l'affût dans le cas de l'inégalité contraire

$$\gamma - y(\cos\theta - f\sin\theta) > 0.$$

Les conditions de stabilité sont les mêmes pour les canons que pour les mortiers.

Lorsque l'affût conserve ses appuis sur le sol, la composante verticale $\mu\sin\theta$, de la réaction due à l'explosion de la charge, est détruite par la somme des résistances verticales R -|- Q aux points d'appui des roues et de la crosse sur le sol. Cette somme ne varie pas quelles que soient la forme et la composition du matériel. Le constructeur n'a d'autre mission, que celle de répartir cette somme sur ces appuis, de la manière la plus avantageuse pour le service et pour la conservation du matériel.

Si les roues sont comprimées contre le sol, la culasse reste en contact avec la vis de pointage et la pièce ne peut saigner du nez.

Dans le cas du soulèvement de l'affût, les composantes horizontales et verticales des quantités de mouvement de rotation communiquées aux diverses parties du système, doivent être ajoutées aux autres percussions parallèles à ces composantes, ou en être retranchées, suivant le sens de leurs actions. Dans ces circonstances non seulement les roues ne touchent plus le sol, et le centre de gravité du système est relevé, mais les percussions sur la vis de pointage, aux encastrements des tourillons, sur l'essieu et au point d'appui de la crosse sur le terrain, peuvent-être diminuées, anéanties entièrement ou même changées de signe. Il y a tel recul où le système entier perd tout contact avec le terrain.

Ces soulagements momentanés aux diverses percussions sont chèrement payés, parce que le système en retombant acquiert la même force vive que celle due au soulèvement, et que cette force vive doit être détruite instantanément par la résistance du terrain.

Il faut donc que le système soit d'une construction qui augmente sa stabilité sur le sol, ou du moins qui ralentisse la vitesse de rotation due au soulèvement de l'affût, quand le soulèvement ne peut être évité. On satisfait à ces conditions de stabilité, en augmentant le moment d'inertie du système relativement au point d'appui de la crosse sur le sol.

La grandeur et la direction de la perpendiculaire γ, menée du point d'appui de la crosse sur le sol, ont une grande influence sur la stabilité du système. Les roues ne peuvent-être soulevées, dans la construction ordinaire des affûts, lorsque cette perpendiculaire rencontre le prolongement de l'axe de l'âme au-dessous du plan d'appui. Mais si cette perpendiculaire coupe l'axe de l'âme au-dessus du sol, la tendance au soulèvement est d'autant plus grande que γ est plus considérable. Pour diminuer γ et augmenter ainsi la stabilité de l'affût , il faut abaisser le centre de gravité du canon.

Le système est d'autant plus stable que son centre de gravité est plus élevé relativement à celui du canon, et que la verticale passant par ce centre de gravité est plus éloignée du point d'appui de la crosse.

La tendance au soulèvement est plus prononcée sous les angles de tir peu élevés au-dessus de l'horizon. L'affût est inévitablement soulevé dans le tir horizontal et dans celui incliné sous l'horizon. Les nécessités du service , la facilité du pointage et la sécurité des artilleurs exigent cependant que la pièce ait un certain commandement sur le terrain. C'est à satisfaire , dans une juste mesure, à ces conditions contradictoires que le constructeur doit s'attacher.

Les circonstances, qui diminuent les percussions sur la vis de pointage, sont une forte masse du canon, un moment d'inertie considérable, un faible abaissement de l'axe des tourillons par rapport à celui de l'âme , une grande vitesse du recul.

La percussion verticale, sur les encastrements des tourillons, est affaiblie par la composante verticale du choc contre la vis de pointage. La percussion horizontale, sur les encastrements des tourillons , est diminuée de la quantité de mouvement de recul imprimée au canon.

Dans le tir ordinaire des canons , les chocs horizontaux contre l'essieu et contre les encastrements des tourillons sont plus violents que les chocs verticaux contre ces mêmes parties.

La fatigue de l'essieu est en raison directe de la masse des roues.

Les articles I et III, de cette seconde partie, renferment les solutions les plus intéressantes concernant les percussions produites dans le tir des canons : nous en résumons les formules dans le tableau suivant.

Ces formules sont basées sur les hypothèses faites au commencement de ce travail, savoir que le canon, l'affût et les roues, sont des corps rigides , inflexibles, sans élasticité, etc. On comprend que ces suppositions sont plus ou moins rapprochées de la réalité, et dans la pratique il faut tenir compte des qualités physiques que les corps possèdent réellement. La flèche de l'affût par exemple est en bois, corps flexible et élastique et dont la flexibilité et l'élasticité augmentent en raison de la longueur des pièces de bois, l'équarrissage restant le même : le sol est plus ou moins compressible et élastique : il en est de même des pièces de bois qui composent les plates-formes, etc. Les anciens affûts de siége et de campagne de Gribeauval, avaient des flasques très-longs, mais épais et très-larges suivant la verticale ; aussi pouvait-on les considérer comme étant à très-peu près dénués de flexibilité et d'élasticité. Aujourd'hui les affûts de siége et surtout ceux de campagne ont leur flèche faite de pièces de bois d'échantillon beaucoup moindre. On s'est aperçu que ces flèches sont flexibles, et on les a considérablement raccourcies, pour leur procurer la rigidité voulue et pour empêcher la pièce de saigner du nez ; ce qui peut arriver même quand les roues sont comprimées contre le sol, par la réaction de la flèche, comme on l'a remarqué avec les affûts à flèche longue mais d'un faible équarrissage.

Il n'en est pas moins vrai, que les roues sont soulevées dans le tir horizontal, encore plus fortement avec l'affût à flèche courte qu'avec celui à flèche longue : et l'on n'a pu obvier à un inconvénient qu'en donnant naissance à un autre défaut.

Nos formules permettent d'apprécier l'intensité des percussions et la grandeur des vitesses qui ont lieu sur les diverses parties de l'affût.

Ces notions seront ensuite utilisées dans la construction du matériel, en tenant compte des propriétés physiques des corps, et des nécessités du service.

TABLEAU RÉSUMÉ DES FORMULES CONCERNANT LES
I ET III ET PRODUITES DANS LE TIR

ROUES COMPRIMÉES CONTRE LE SOL.

Condition de stabilité $y(\cos\theta - f\sin\theta) - \gamma > 0$

$$\frac{V}{\mu} = \frac{(\cos\theta - f\sin\theta)}{S}$$

$$R = E = \frac{yVS - \mu\gamma}{r' - fr} = \frac{\mu\{y(\cos\theta - f\sin\theta) - \gamma\}}{r' - fr}$$

$$E' = BV + fE$$

$$Q = \mu\sin\theta - E$$

$$\varphi = \frac{frE}{Bl^2}$$

$$z = V - \varphi r$$

$$P = \frac{\mu a - CVd}{(c-e)\sin\alpha + (c'-e')\cos\alpha} = \frac{\mu\{aS - Cd(\cos\theta - f\sin\theta)\}}{S\{(c-e)\sin\alpha + (c'-e')\cos\alpha\}}$$

$$T = \mu\sin\theta - P\cos\alpha$$

$$T' = \mu\cos\theta + P\sin\alpha - CV$$

VITESSES ET PERCUSSIONS, CALCULÉES AUX ARTICLES
DES CANONS DE SIÉGE ET DE CAMPAGNE.

AFFUT SOULEVÉ ET TOURNANT AUTOUR DU POINT D'APPUI DE LA CROSSE SUR LE SOL

Condition du soulèvement $\gamma - y(\cos\theta - f\sin\theta) > 0$

$$\frac{V}{\mu} = \frac{(X - Bl^2)(\cos\theta - f\sin\theta) - \gamma S(y + fy')}{S\{X - Bl^2 - yS(y + fy')\}}$$

$$\omega = \frac{\mu\gamma - yVS}{X - Bl^2} = \frac{\mu\{\gamma - y(\cos\theta - f\sin\theta)\}}{X - Bl^2 - yS(y + fy')}$$

$$E = \omega Br'$$

$$E' = BV + \omega Br$$

$$Q = \mu\sin\theta + \omega y'S$$

$$P = \frac{\mu a - CVd - \omega C(L + U)}{(c - e)\sin\alpha + (c' - e')\cos\alpha}$$

$$T = P\cos\alpha - \mu\sin\theta - \omega C(c' - d')$$

$$T' = \mu\cos\theta + P\sin\alpha - CV - \omega C(c + d)$$

N. B. Les percussions verticales T et E des tourillons sur leurs encastrements et de l'affût sur l'essieu, dont il est fait usage dans ces formules, sont censées dirigées du haut en bas lorsque l'affût conserve ses appuis sur le sol, et du bas en haut quand l'affût est soulevé.

TABLE DES MATIÈRES.

PREMIÈRE PARTIE

PERCUSSIONS PRODUITES SUR LES AFFUTS DANS LE TIR DES MORTIERS.

ARTICLE I.

MORTIER A PLAQUE. — Percussions qui ont lieu lorsque le mortier conserve ses appuis sur le sol, et qu'il prend un mouvement de recul parallèlement au terrain.

ARTICLE II.

MORTIER A PLAQUE. — Percussions qui ont lieu lorsque le mortier est soulevé, prend un mouvement de translation parallèlement au sol et tourne comme sur une charnière autour de l'arête postérieure d'appui de la plaque.

ARTICLE III.

MORTIER A TOURILLONS SUR AFFUT TRAINEAU. — Percussions produites lors du tir dans l'hypothèse que l'affût conserve ses appuis sur la plate-forme.

ARTICLE IV.

MORTIER A TOURILLONS SUR AFFUT TRAINEAU. — Percussions qui ont lieu lorsque le système du mortier et de l'affût est soulevé par sa partie antérieure et prend un mouvement de translation parallèlement au sol, tout en tournant comme sur une charnière autour de l'arête postérieure d'appui de l'affût

DEUXIÈME PARTIE.

CANONS DE SIÉGE ET DE CAMPAGNE.

ARTICLE I.

CANONS DE SIÉGE ET DE CAMPAGNE. — Percussions qui ont lieu lorsque l'affût conserve ses appuis sur le sol , et que le système prend un mouvement de recul parallèlement au terrain.

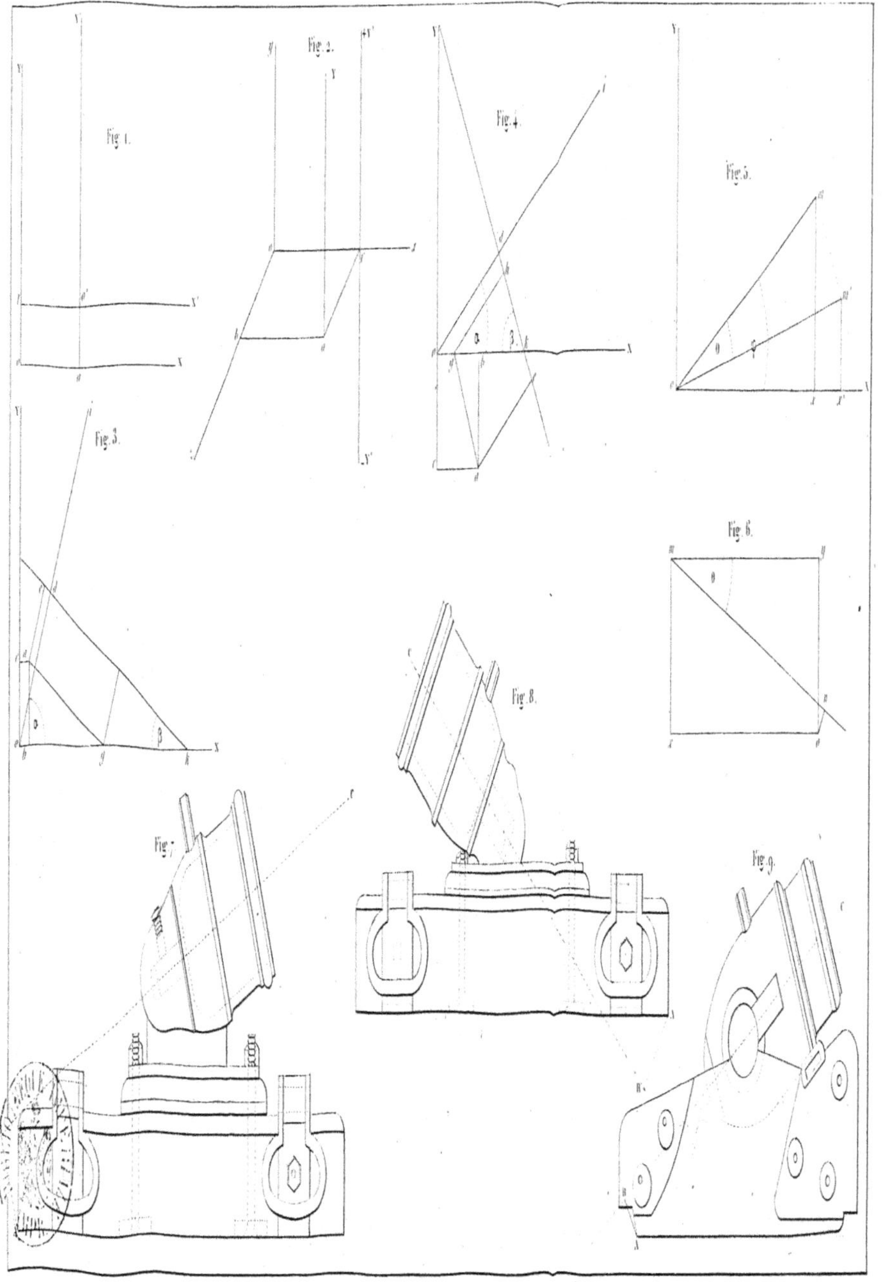
Fig. 1.
Fig. 2.
Fig. 3.
Fig. 4.
Fig. 5.
Fig. 6.
Fig. 7.
Fig. 8.
Fig. 9.

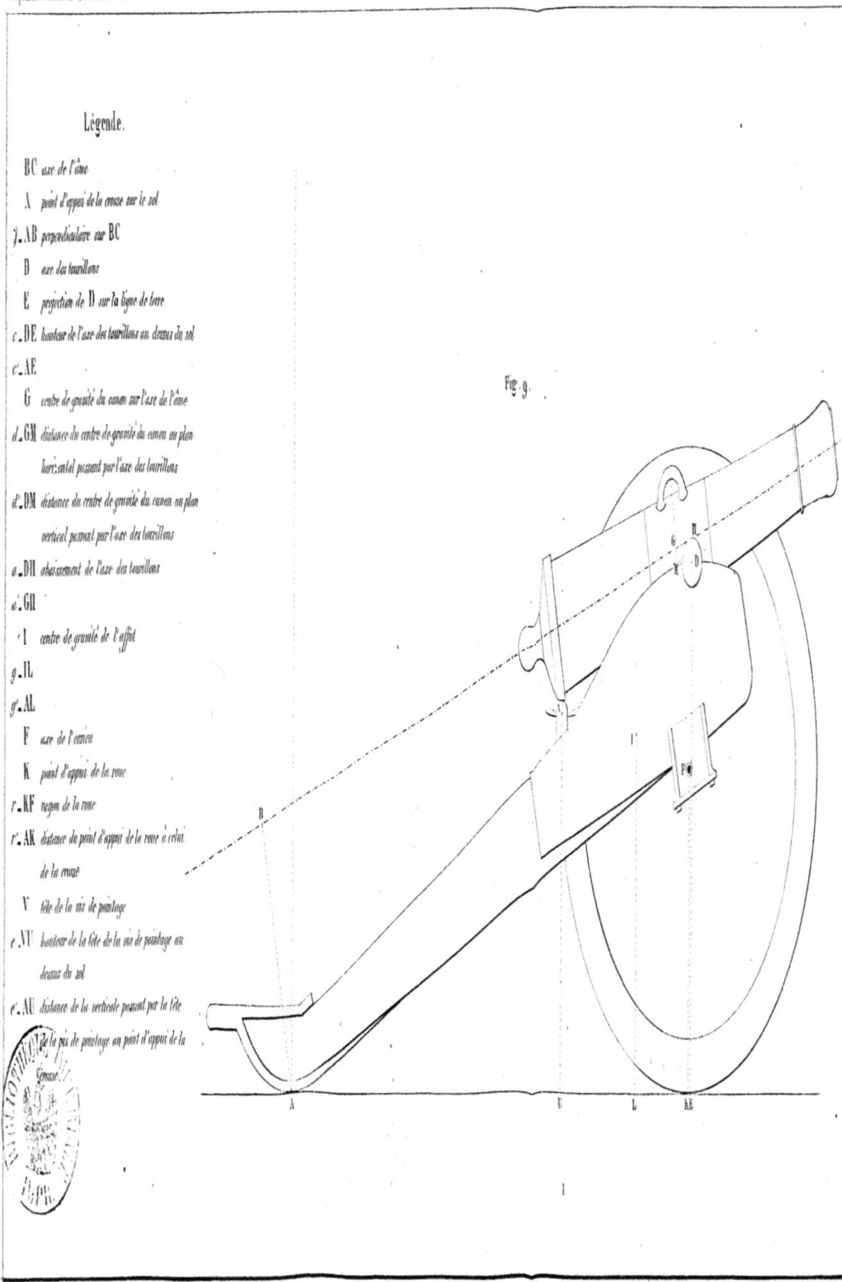

Légende.

BC axe de l'âme
A point d'appui de la crosse sur le sol
χ.AB perpendiculaire sur BC
D axe des tourillons
E projection de D sur la ligne de terre
c.DE hauteur de l'axe des tourillons au dessus du sol
c'.AE
G centre de gravité du canon sur l'axe de l'âme
d.GM distance du centre de gravité du canon au plan
      horizontal passant par l'axe des tourillons
d'.DM distance du centre de gravité du canon au plan
      vertical passant par l'axe des tourillons
a.DH abaissement de l'axe des tourillons
a'.GH
I centre de gravité de l'affût
g.IL
g'.AL
F axe de l'essieu
K point d'appui de la roue
r.KF rayon de la roue
r'.AK distance du point d'appui de la roue à celui
       de la crosse
V tête de la vis de pointage
e.NV hauteur de la tête de la vis de pointage au
      dessus du sol
e'.AU distance de la verticale passant par la tête
       de la vis de pointage au point d'appui de la
       crosse.

Fig. 9.